Communication Skill & Practices

4차 산업혁명시대 글로벌 리더가 되기 위한

커뮤니케이션 기법 및 실습

Preface

인간관계의 문제는 대부분 커뮤니케이션의 문제라 할 수 있다. 갈등은 서로 다른 개성을 가진 다양한 사람들과의 인간관계 속에 발생되는 필연적 산물이다. 우리는 부주의한 말 한마디 또는 무심코 행한 모호한 표현방법으로 타인에게 치명적인 상처를 입히기도 하고, 타인으로부터 오해를 받거나 오해를 사기도 한다. 이것은 대부분 상대방의 입장에 대한 이해와 공감 그리고 커뮤니케이션 스킬의 부족으로 발생하게 되는 것이다.

현대인들은 급속히 변화하는 경영환경 속에 살고 있다. 빅데이터, 가상현실VR, 인공지능AI등이 등장하는 4차 산업혁명시대에 이르러, 날마다 쏟아지는 새로운 정보, 전사적인 능력을 요구하는 업무절차, 그리고 국경을 초월한 관계적 상황속에서 커뮤니케이션의 역할은 더욱 더 중요해지고 있다. 이제 조직구성원의 효과적인 소통능력은 다국가적·다기능적·다구조적 기업행태에서 신뢰받는 리더의 필수덕목이 되기에 이르렀다. 그야말로 조직구성원 사이의 소통을 넘어서 힐링healing 리더십에 이르고 있는 것이다.

이 책은 저자가 다년간 연구하고, 실제 수많은 기업체 및 지자체 강의를 통해 체득한 효과적인 커뮤니케이션 스킬에 대한 내용을 자세하게 다루었다. 특히 기업에서의 커뮤니케이션 스킬에 비중을 두고 업무 중 발생할 수 있는 의사소통 문제를 최소화할 수 있는 생동감 있는 방법들을 제공하고 있다. 커뮤니케이션 스킬에 대한 실용적인 사례와 그림 그리고 자가진단 Test 방법을 각 내용마다 제시하여 피교육자 스스로 커뮤니케이션 스킬을 이해하고 활용하기 쉽도록 설명한 부분이 큰 장점이라 할 수 있다. 이 책의 또 다른 특징은 교류분석Transactional Analysis에 기반한 인간행동심리를 이해하고, 이를 바탕으로 무패적Win-Win 커뮤니케이션을 위한 인간 행동유형의 특징 및 커뮤니케이션 방식을 설명하고 있는 부분이다. 따라서 먼저 나I의 행동심리와 커뮤니케이션 유형을 알고, 그 다음 타인You의 커뮤니케이션 방식과 특징을 파악하게 된다면, 원만한 인간관계를 위한 효과적인 커뮤니케이션 스킬을 갖추게 될 것이다.

끝으로, 저자의 커뮤니케이션에 대한 오랜 연구와 강의를 통해 실증적으로 입증된 커뮤니케이션 기법이 담겨 있는 본서가, 4차 산업혁명시대 글로벌 소통 리더가 되기 위해 커뮤니케이션 스킬을 배우고자 하는 사람들의 지침서로 널리 활용되어 이해와 공감 소통을 위한 길라잡이가 되기를 바란다.

2021년 3월 봄

저자일동

CONTENTS

CHAPTER 01

효과적인 Communication을 위한 자세

CONTENTS

CHAPTER 05
상황별 Communication

CONTENTS

CHAPTER

01

효과적인 Communication을 위한 자세

01 패러다임

1 패러다임Paradigm이란?

패러다임은 패턴 · 예시 · 표본 등을 의미하는 그리스어에서 유래하였으며, 1962년 미국의 과학사학자이자 철학자인 토머스 쿤Thomas Khun이 그의 저서 『과학혁명의 구조』*The Structure of Scientific Revolution*에서 처음으로 제안하였다.

패러다임은 어떤 한 시대 사람들의 견해나 사고를 근본적으로 규정하고 있는 테두리로서, 인식의 체계 또는 사물에 대한 이론적인 틀이나 체계를 의미하는 개념이다. 예를 들어 프톨레마이오스의 천동설이 진리로 수용되던 시기에 모든 천문현상이 천동설의 테두리에서 설명되었던 반면, 코페르니쿠스는 지동설의 테두리에서 이를 설명하였던 것과 같다.

쿤에 따르면, 과학 이론의 변화는 각 이론의 옳고 그름을 나타내는 것이 아니라, 당대 사회 전체가 갖는 신념과 가치체계 그리고 문제해결방법이 달라진 것이라 했다. 이러한 개념에 따르면 현대의 표준모형 · 가치체계 · 사고방식 역시 하나의 패러다임일 뿐 절대적인 진리는 아니라는 결론에 이르게 된다.yahoo, 위키백과사전

패러다임

- 세상(사물)을 보는 관점(시각)
- 사고의 틀, 정신적 지도
- 고착되면 고정관념, 편견
  - 불완전하다.
  - 크게 틀린 경우가 많다(특히 상황의 변화가 클 때).
  - 우리를 제한시킨다.

Study Check 패러다임 전환

★ 다음 그림 중 다른 도형을 하나 찾아 그 이유를 적어보시오.

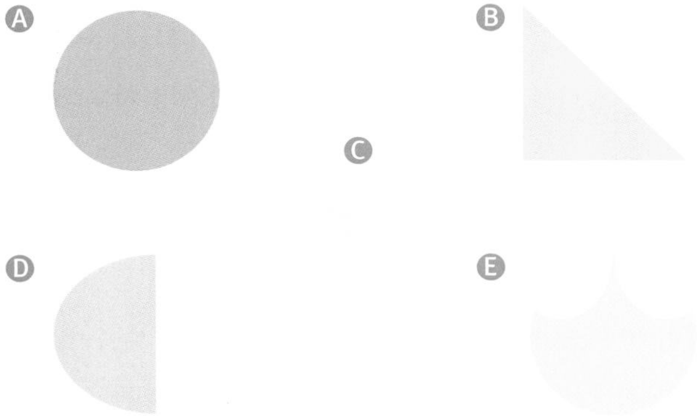

©www.hanol.co.kr

• 다른 도형은?

• 이유는?

2 패러다임의 특성

① 기존의 패러다임을 뛰어넘을 때 기술의 발전과 혁신이 뒤따른다.

② 패러다임이 바뀌게 되면 지금까지 사용했던 원리와 사고방식은 더이상 의미가 없어지게 된다.

③ 패러다임에 맞지 않는 정보는 수용하기 어렵다. 따라서 우리는 일반적으로 기존 패러다임에 정보를 억지로 끼워 맞추려고 하거나 경우에 따라 정보 자체를 쓸모없게 만드는 경향이 있다.

④ 어떤 유형의 패러다임을 가진 사람에게는 아주 자명한 것도 다른 유형의 패러다임을 가진 사람에게는 전혀 수용되지 않기도 한다.

⑤ 패러다임이 바뀌는 속도는 점점 빨라지고 있다. 과거 수백 년 걸렸던 패러다임의 변화가 지금은 불과 수십 년, 아니 수년 만에 바뀌고 있다.

만약, 스스로가 중대한 개선을 원한다면, 기존의 패러다임을 바꾸어라!
우리의 패러다임을 변화시키면 우리의 행동과 태도도 변화시킬 수 있다.

Study Check 무엇이 생각납니까?

©www.hanol.co.kr

• 살면서 바뀐 패러다임에 대해 얘기해 봅시다.

3 패러다임 마비Paradigm Paralysis

우리는 패러다임의 의미를 한 시대 특정 분야의 학자들이나 사회집단이 공유하는 기술 · 이론 · 법칙 · 지식 · 가치로 이해한다. 그러나 사람들은 대체적으로 세상을 있는 그대로 보는 것이 아니라 스스로의 규칙과 법칙패러다임에 따라 바라본다. 그 결과, 이 패러다임은 문제를 해결하는 지침템플릿이 되기도 하지만, 때로는 새로운 기술이나 아이디어를 방해하기도 한다.

즉 패러다임이 인식의 필터로 작용하여 데이터data를 여과시키는 작용을 하는데, 이때 새로운 기술 · 이론이나 법칙이 자신의 생각과 합치하면 받아들이고 인정하는 반면, 예측하지 못했거나 자신의 기대에 부합되지 않으면 자신이 확신하는 결론을 위해 이들을 왜곡시키거나 자신의 법칙에 맞추려 하거나 무시해 버리기 때문이다.

여기서 중요한 점은 아래 예시에서 탈출을 포기한 코끼리처럼 스스로 범주 · 한계 · 경계를 설정하여 다른 패러다임의 존재를 부정 또는 무시하거나, 혹은 지나친 확신으로 자신의 패러다임을 유일한 것으로 간주하면 패러다임의 마비에 빠지면서 오히려 자신의 덫에 걸리는 경우가 많다는 것이다.

동남아를 여행하다 보면 큰 코끼리가 작은 나무기둥에 묶여 꼼짝 못하는 모습을 흔히 볼 수 있다. 덩치로 보면 더 큰 나무도 뿌리를 뽑고 쉽게 도망갈 수 있을 것 같은데 웬일인지 코끼리는 작은 나무에 묶여 그저 가만히 있다.
이것은 코끼리가 새끼 때부터 항상 묶여 있었고, 그동안 도망가려고 수없이 시도를 하였으나, 새끼 때는 도망가기에 힘이 약했기 때문에 실패를 거듭 경험하면서 나이가 들어 덩치가 커지고 힘이 세졌음에도 불구하고 이제는 도망갈 생각조차 하지 못하고 그저 묶여 있는 것이다.

Study Check

P채널과 N채널

©www.hanol.co.kr

- 신발회사에서 A와 B 두 명의 영업사원을 아프리카에 보내 시장조사를 하라고 하였다. 얼마 후 두 사람 모두 회사로 전보를 보내 왔다.
- A영업사원은 "아프리카 사람들은 신발을 신고 다니지 않는다. 여가에 공장을 만들어 봐야 망한다"
- B영업사원은 "아프리카 사람들은 아직도 신발을 신고 다니지 않고 있다. 빨리 아프리카에 투자를 해야 한다. 시장은 무궁무진하다."
- 누가 P채널이고, 누가 N채널일까?

4 생각한 대로의 인간이 된다!

우리는 평범하게 살도록 창조되지 않았다. '잘 되는 나'를 위해 깊은 자기발견을 거듭하면서 계속 앞으로 나아가야 한다. 부정적인 생각이나 태도를 버리고, 자신이 가지고 있는 최대한의 잠재력을 끌어내어 도전할 때 우리의 '좋은 날'은 어느 순간 눈앞에 와 있는 것이다. 아래에 실재 본인이 생각한 대로 기업을 성공시킨 두 사람의 일화를 간략히 소개해 보겠다.

먼저 ㈜현대의 창업주인 고 정주영 회장의 유명한 일화이다. 정회장은 생전에 책임자를 '채금자'라 불렀다. 경영자나 기술자들이 난관에 부딪혀 "어렵다", "못하겠다"고 하면 정회장은 어김없이 "이봐 채금자, 해 봤어? 당신 해보고 나서 그런 소리하는 거야?"라고 물었다고 한다. 이러한 도전정신으로 혼자서 달랑 미포만 모래사장 사진 한 장, 외국조선소에서 빌린 유조선 설계도 한 장을 들고 유럽을 돌며 수주를 받아 일으킨 회사가 바로 오늘날의 현대중공업이다.

> 본인이 실패했다고 손을 들어야 실패입니다.
> 인간이 자기는 영원히 승리할 수 있다고 생각하면 영원히 승리하는 것입니다.
>
> by 정주영

오랜 세월 "할 수 없다"는 생각에 젖어 해보지도 않고 "안된다, 못하겠다"하며 살아온 가난한 나라에 돈도 기술도 경험도 명성도 아무 것도 없이 "해보고 나서 얘기하자"는 도전정신으로 조선소를 건립하여 세계 조선역사에 천지개벽을 일으킨 것이다.

두 번째, 일본 교세라의 이나모리 회장은 '인생과 조직의 성공철학'에 대한 강의에서, "낙관적optimistic으로 생각하라, 왜냐하면 모든 사실은 마음과 사고의 여과과정을 통해 비추어지므로 동일한 현상이라도 사람에 따라 달라질 수 있기 때문이다"라고 했다. 이처럼 비전을 세울 때는 초낙관적으로, 개념화과정에서는 모든 장애물을 인식할 수 있도록 비관적으로, 실행과정에서는 다시 낙관적으로 생각하며 행동할 것을 강조했다.

사고가 바뀌면 행동이 바뀌고
행동이 바뀌면 습관이 바뀌고
습관이 바뀌면 인격이 바뀌고
인격이 바뀌면 운명이 바뀐다.

by 윌리엄 제임스

5 우리가 새롭게 가져야 할 패러다임

전 세계적으로 급격하게 변화하는 상황에 대처하기 위해서는 우리가 가지고 있는 전통적이고 낡은 사고에서 과감하게 탈피하여, 환경변화를 리드하기 위한 새로운 패러다임을 수용해야만 살아남을 수가 있다.

소통의 중요성이 강조되는 4차 산업혁명 시대에 능동적인 글로벌 커뮤니케이터가 되기 위해 자신이 수용해야 할 패러다임과 버려야 할 패러다임에 대해 생각하고 적어 봅시다.

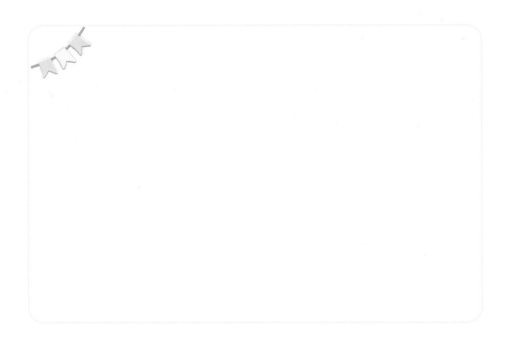

02 커뮤니케이션을 위한 마음자세

1 조해리Johari의 창

1966년 미국의 심리학자 조세프 루프트Joseph Luft와 해리 인그럼Harry Ingram은 두 사람의 이름을 합성하여 조해리의 창the Johari's window이라는 자기개방모형을 개발하였다. 이 창문 속에는 자신의 생각, 감정, 경험, 소망, 기대, 가족사항, 취미, 종교, 교우관계, 장·단점 등 '자신에 관한 모든 것'이 다 포함되어 있다.

이는 인간관계 속에서 자신을 다른 사람에게 나타내 보이는 부분과 상대방이 나를 받아들이는 정도가 사람마다 차이가 있으며 그 차이는 모두 다르다는 것을 나타낸다. 자신을 나타내는 것을 자기공개self-disclosure라고 하는데, 이는 인간관계를 심화시키는 중요한 요인으로 알려져 있다. 또 "타인은 나를 비추는 사회적 거울"social mirror이라는 말이 있듯이 다른 사람의 반응 속에서 나의 모습을 비쳐보는 일이 중요하다.

이처럼 다른 사람을 통해 나에 대한 피드백feedback을 얻음으로써 자기 이해가 깊어지고, 자신의 행동에 대한 조절능력이 커질 것이다. 조해리의 창Johari's window은 자기공개와 피드백 측면에서 우리의 인간관계를 진단해 볼 수 있는 방법이며, 자아개방모형의 개발이라 하겠다. 따라서 건강한 자아개념이 대인 관계에 영향을 줄 수 있을 뿐만 아니라, 친밀한 대인관계를 통해 자기 자신을 아는 데 도움을 받을 수 있다.

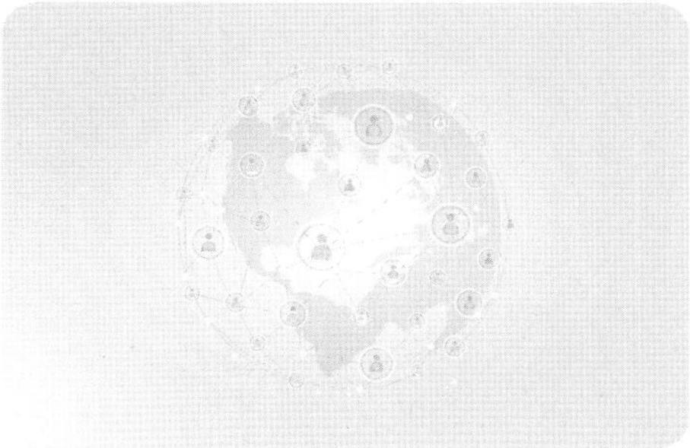

Study Check 마음열기

★ 질문문항의 내용이 꼭 들어 맞는다 5점, 상당이 맞는다 4점, 어느 정도 맞는다 3점, 거의 맞지 않는다 2점, 전혀 맞지 않는다 1점으로 체크하시오.

No	내용	점수
1	내가 생각하고 있는 바를 자신있게 말한다.	
2	상대방이 나를 비판할 때 변호를 하기보다는 귀를 기울이는 편이다.	
3	어떤 일에 대하여 잘 모르는 것은 잘 모른다고 확실하게 말한다.	
4	다른 사람의 말에 대해 몸짓과 표정·눈길로 관심을 나타낸다.	
5	자기 자신을 솔직하게 표현한다.	
6	남이 무엇인가를 표현하려고 애쓸 때 그것을 도와준다.	
7	나는 나의 잘못에 대해서 변명을 하기보다는 잘못을 인정하는 편이다.	
8	나의 의견에 대해서 상대방이 어떻게 생각하는지 물어보고 경청하는 편이다.	
9	별로 좋은 일이 아닐지라도 남들이 알아야 할 일이라면 알려 준다.	
10	토의를 독단적으로 운영하지 않으며, 아이디어를 자유롭게 제시할 수 있도록 한다.	
11	내연관계에 있어서 정직하다.	
12	다른 사람의 가정을 존중한다.	
13	처음 만나는 사람에게도 자신을 솔직히 드러내는 편이다.	
14	이야기를 독점하여 상대방을 짜증나게 하는 일이 거의 없다.	
15	나는 다른 사람에 비해 비밀이 적은 편이라고 생각한다.	
16	관심을 갖는 체하거나 경청하는 체하지 않는다.	
17	본대로 솔직하게 이야기하며, 거짓말을 하지 않는다.	
18	다른 사람이 내말에 찬성하지 않는다고 화내거나 푸대접하지 않는다.	
19	자신의 본성을 그대로 나타내며 가장하지 않는다.	
20	다른 사람의 조언이나 충고를 고맙게 받아들인다.	
21	다른 사람이 이해할 수 있는 말과 용어를 쓴다.	
22	중요한 토의를 할 때 방해되는 일이 일어나지 않도록 사전에 예방조치를 한다.	
23	다른 사람이 잘못을 했을 경우 잘못한 사람에게 솔직하게 이야기한다.	
24	대화나 토의를 할 때 다른 사람이 그들의 생각을 발표하도록 권장한다.	
	점수합계	

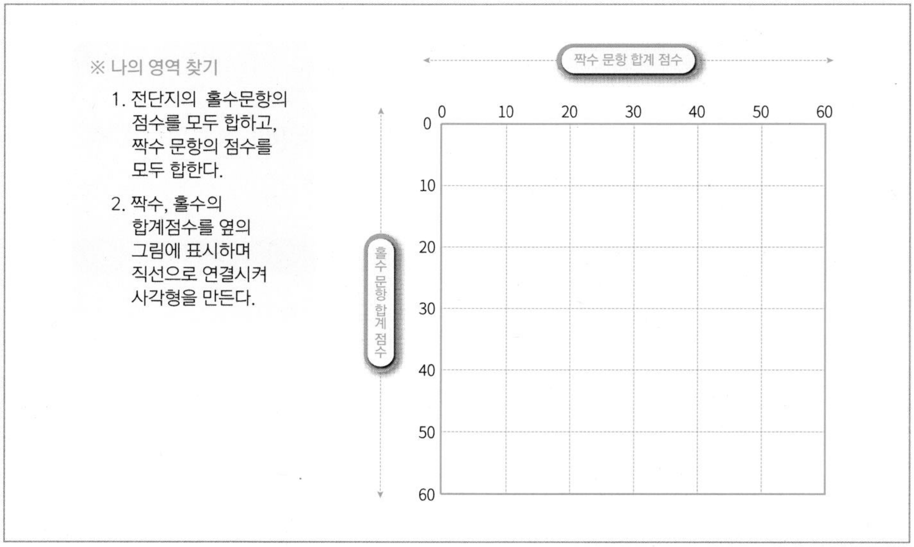

©www.hanol.co.kr

그림 1-1 _ 조해리(Johari)의 창 진단지

2 자기개방모형

조해리의 창은 개인의 자기공개와 피드백의 특성을 보여 주는 네 영역Four Quadrants으로 구분된다. 네 영역은 각각 열린 창Open window, 깨닫지 못한 창Blind window, 숨겨진 창Hidden window, 그리고 미지의 창Unknown window 영역으로 나뉜다.

① 열린 창 영역

나도 알고 있고 다른 사람에게도 알려져 있는 나에 관한 정보를 의미한다.

② 깨닫지 못한 창 영역

나는 모르지만 다른 사람은 알고 있는 나의 정보를 뜻한다. 사람은 이상한 행동 습관, 특이한 말버릇, 독특한 성격과 같이 '남들은 알고 있지만 자신은 모르는 자신의 모습'이 있는데, 이를 맹목의 영역이라고 할 수 있다.

③ 숨겨진 창 영역

나는 알고 있지만 다른 사람에게는 알려지지 않은 정보를 의미한다. 달리 말하면,

나의 약점이나 비밀처럼 다른 사람에게 숨기는 나의 부분을 뜻한다.

④ 미지의 창 영역

나도 모르고 다른 사람도 알지 못하는 나의 부분을 의미한다. 심층적이고 무의식의 정신세계처럼 우리 자신에게 알려져 있지 않은 부분이 미지의 영역에 해당한다.

©www.hanol.co.kr

그림 1-2 _ 자기개방모형

3 조해리의 창 해석

사람마다 마음의 창 모양이 다르다. 개인이 인간관계에서 나타내는 자기공개와 피드백의 정도에 따라 마음의 창을 구성하는 네 영역의 넓이가 다르기 때문이다. 이렇게 다양하게 나타나는 창 모양은 어떤 영역이 가장 넓은가에 따라 크게 네 가지 유형으로 구분될 수 있다.

1) 열린 창 영역: 느낌·생각·행동 등이 자신이나 타인에게 잘 알려진 영역

첫 번째 유형은 개방형으로서 열린 창 영역이 가장 넓은 사람이다. 개방형은 대체로 인간관계가 원만한 사람들이다. 이들은 적절하게 자기표현을 잘 할 뿐만 아니라 다른 사람의 말도 잘 경청할 줄 아는 사람들로서 다른 사람에게 호감과 친밀감을 주게 되어 인기가 있다. 그러나 지나치게 공개적 영역이 넓은 사람은 말이 많고 주책스럽거나 경박한 사람으로 비쳐질 수도 있다. 인간관계를 형성하기 위해서는 개방영역을 빠른 시간 내에 넓혀가야 한다. 이 영역이 넓은 사람은 원만한 의사소통능력으로 개방적인 인간관계를 형성한다. 그러나 지나치게 자신의 모든 부분을 노출시키면 오히려 인간관계를 손상시킬 수 있다.

2) **깨닫지 못한 창 영역**: 자신의 모습이 타인에게는 알려져 있으나 자신은 알지 못하는 영역

두 번째 유형은 깨닫지 못한 창 영역이 가장 넓은 자기주장형이다. 이들은 자신의 기분이나 의견을 잘 표현하며, 나름대로의 자신감을 지닌 솔직하고 시원시원한 사람일 수 있다. 그러나 이들은 다른 사람의 반응에 무관심하거나 둔감하여 때로는 독단적이며 독선적인 모습으로 비쳐질 수 있다. 자기주장형은 다른 사람의 말에 좀 더 진지하게 귀를 기울이는 노력이 필요하다.

이 영역이 넓은 사람은 눈치가 없고 둔한 사람으로, 타인이 보기에는 개선할 점이 많지만 스스로는 깨닫지 못하는 사람이다. 또한 자기주장이 강하고 자기도취적인 사람이나, 이와는 반대로 자존감이 낮아 자신의 좋은 점을 인식하지 못하고 있는 사람이다.

이 영역은 타인으로부터 얼마나 피드백을 받느냐에 따라 달라질 수 있으므로, 이 영역을 축소시키기 위해서는 타인의 조언이나 생각을 진지하게 받아들이는 자세가 중요하다.

3) **숨겨진 창 영역**: 자신에 대해 자신은 알고 있으나 타인은 알지 못하는 영역

세 번째 유형은 신중형으로서 숨겨진 창 영역이 가장 넓은 사람이다. 이들은 다른 사람에 대해서 수용적이며 속이 깊고 신중한 사람들이다. 다른 사람의 이야기는 잘 경청하지만, 자신의 이야기는 잘하지 않는 사람들이다. 이들 중에는 자신의 속마음을 잘 드러내지 않는 크레믈린형의 사람이 많으며, 계산적이고 실리적인 경향이 있다. 이러한 신중형은 사람과 상황에 잘 적응하지만 내면적으로 고독감을 느끼는 경우가 많으며, 현대인에게 가장 많은 유형으로 알려져 있다.

신중형은 자기개방을 통해 다른 사람과 좀 더 넓고 깊이 있는 교류가 필요하다. 이 영역이 넓은 사람은 신중하다고 볼 수 있으나 자기표현을 잘하지 않으므로, 타인은 그가 어떤 생각·느낌을 갖고 있는지 알 수 없어 쉽게 접근해 오지 않는다. 이러한 현상은 자신을 수용하지 못하는데서 기인하기 때문에 자기를 은폐시키고, 드러내지 않으려 하며, 자기개방이 두려워 불안·긴장하는 것이므로 이 영역을 축소시키기 위해서는 자기개방이 필요하다.

4) 닫힌 창 영역: 나도 모르고 타인도 모르는 영역

마지막 유형으로 닫힌 창이 가장 넓은 고립형이 있다. 이들은 인간관계에 소극적이며, 혼자 있는 것을 좋아하는 사람들이다. 다른 사람과 접촉하는 것을 불편해 하거나 무관심하여 고립된 생활을 하는 경우가 많다. 이런 유형 중에는 고집이 세고 주관이 지나치게 강한 사람도 있으나, 대체로 심리적인 고민이 많으며 부적응적인 삶을 살아가는 사람들도 많다. 고립형은 인간관계에 좀 더 적극적이고 긍정적인 태도를 가질 필요가 있다. 인간관계의 개선을 위해서는 일반적으로 미지의 영역을 줄이고 공개적 영역을 넓히는 것이 바람직하다.

미지의 창 영역은 심층적인 무의식세계로 자신에게 알려져 있지 않은 부분이다. 그러나 자신에 대한 지속적인 관심과 통찰을 하면 이러한 부분을 알게 된다. 이 영역이 넓은 사람은 고립되어 있고, 심리적으로 고민이 많으며, 부적응적인 삶을 살아가는 경향을 보인다.

03 심리상태 파악

1 교류분석Transactional Analysis: TA이란?

1) 교류분석의 개념

교류분석은 심리학의 한 분야로 1950년대 초, 미국의 정신의학자 에릭 번Eric Berne, 1910~1970 박사에 의해 창안되어 인간행동의 이해와 분석을 위한 틀을 제시했다. 인간은 사회적인 상호교류관계에 의해 인성이 형성되고 이를 바탕으로 삶의 유형이 결정된다는 점을 강조한 일종의 성격이론Theory of personality이다. 사람과 사람 사이에서 일상적으로 이루어지는 교류관계는 먼저 다음과 같이 가정 · 학교 · 직장 · 사회에서의 대인관계를 원만하게 개선하고 '마음의 창'을 여는 신뢰관계를 형성하도록 하는 것이다.

① 자기의 성격성향에서 오는 행동심리의 패턴을 올바로 이해한다자기이해.
② 이것이 상대방에게 어떻게 수용되어지고 있는가를 판단한다타인이해.
③ 상대방이나 상황에 맞는 바람직한 메시지로 바꾼다자기와 타인의 관계이해 또는 조직과 사회의 이해.

교류의 원어 Transaction은 원래 '거래' · '흥정'이라는 의미가 함축되어 있다. 보통 대화 · 커뮤니케이션 · 거래 · 교류 등으로 번역되었고, 이 이론은 '의사거래분석' · '대화분석' · '교류분석' 등으로 다양하게 표현된다. 그 의미를 살펴보면, 서양식 미국 TA의 경우 언어 이외의 접촉을 중요시 여기는 경향이 있으나 역시 말의 테크닉이 강조되는 경향이 강하다. 그러나 동양에서는 이심전심以心傳心의 의미가 중시되어 왔다. 이심전심이란 『전등록傳燈錄』에 나오는 말로, 원래 불교의 법통을 계승할 때 쓰였다. 석가께서 제자인 가섭에게 말이나 글이 아닌 이심전심으로 불교의 진수를 전했다는 얘기에서 유래한다. 마음에서 마음으로 도를 전하는 것, 즉 굳이 말이나 글을 통하지 않더라도 서로의 마음을 통하여 안다는 뜻이다. 이처럼 전인적인 접촉을 뜻하는 '교류'라는 의미로 사용하여 이 이론을 '교류분석'이라고 표현한다.

2) 교류분석과정

교류분석과정은 대개 ① 구조분석, ② 대화분석, ③ 스트로크, ④ 인생태도, ⑤ 게임분석, ⑥ 각본분석, ⑦ 시간의 구조화. 이렇게 7개의 학습 분야로 이루어져 있다. 프로이드류 용어의 난해함을 극복하여 심리학에 대한 전문적인 지식이 없이도 쉽게 이해할 수 있는 것이 그 특징이며, 적극적으로 인간관계에 활용·응용할 수 있는 흥미로운 이론이다.

3) 교류분석의 발달

교류분석TA의 발달은 네 단계로 나뉜다.

1 제1기(1955~1962)

제1기는, 에릭 번에 의해 인간의 성격이 세 가지 자아상태로 구성되어 있다는 사실을 발견한 때이다. 인간의 사고와 정서, 행동을 설명하는 3가지 자아상태에 대한 개념이 정리되었으며, 각각의 자아상태는 서로 다르지만 관찰가능하고, 의식적이라고 주장하는 부분이 프로이드와 다른 입장이다. 이 세 가지 자아생태parent, adult, child가 인간의 사고와 감정 그리고 행동을 설명할 수 있는 단서, 즉 말이나 목소리, 제스처, 얼굴표정과 같은 '지금 여기에서'here and now의 현상을 통해 성격을 관찰할 수 있다는 것이다. 이러한 관찰 가능한 기준은 한 사람의 과거 역사를 추론하고 또 미래 문제를 예측할 수 있는 토대를 제공한다.

2 제2기(1962~1966)

제2기는 개인들 사이에 발생하는 교류transactions와 게임games에 관심을 둔 때이다. 즉 두 사람 간에 의사소통을 할 때 각각 세 자아상태 중 한 자아상태에서 자극과 반응이 오고 간다는 것이다. 이때의 교류는 인지적 접근으로 두 사람의 자아상태 사이에서 일어나는 자극과 반응으로 구성된 커뮤니케이션의 체계를 의미하며, 게임은 예상되는 결과로 이끌어가는 일련의 교류들을 의미한다.

③ 제3기(1966~1970)

제3기는 인생각본life script이론과 이 각본에 대한 분석script analysis이 주로 발달된 단계이다. 이 때의 각본은 어린 시절의 경험을 바탕으로 이루어진 것으로 삶의 방향을 결정하는 개인 자신의 내부계획을 말한다. 즉 인생각본은 아동기에 쓰이고, 부모로부터 강화되며, 이후 겪게 되는 다양한 사건들을 통해 정당화되어, 결국 선택의 여지가 없는 결말로 치닫게 하는 인생계획을 의미하는 것이다.

④ 제4기(1970년부터 현재)

제4기는 상담과 심리치료의 전문 현장에서 교류분석이 다양하게 응용·발전되면서 에고그램Egogram이 각광받은 시기이다. 에고그램이란 한 사람의 자아상태에서 발생하는 에너지의 양과 시간을 그림 또는 그래프로 나타낼 수 있게 해주는 기법이다. 이처럼 교류분석은 개인과 관계 그리고 의사소통에 대한 이해를 필요로 하는 어떤 상황에서도 활용될 수 있다.

Study Check

에고그램

★ 에고그램(Egogram) 체크리스트

- 사물을 사실에 따라 객관적으로 봅니까?
- 주위의 사람들과 어울려서 떠들며 노는 것을 좋아 합니까?
- 자기의 주장을 간단히 굽히지 않는 편입니까?
- 싫은 일도 싫다는 말을 안하고 억압해 버립니까?
- 타인의 장점보다는 결점이 눈에 잘 뜨입니까?
- 타인의 어려움을 잘 보살펴 줍니까?
- 타인이 행복해지도록 노력합니까?
- 무슨 일이나 정보를 수집해서 냉정하게 판단합니까?
- 호기심이 강한 편입니까?
- 자기가 옳다고 생각하는 것은 밀고 나갑니까?
- 내심으론 불만이 있어도 표현은 만족한 듯이 합니까?
- 곤란한 사람을 보면 도와주고 싶어집니까?
- 본래의 자기를 무리하게 억압하고 생활합니까?
- 규칙을 지키지 못하면 주의를 주고 싶습니까?
- 어떤 결정을 할 때, 여러 사람의 의견을 들으며 참고로 합니까?
- 슬픔이나 우울한 기분에 오래도록 빠져 있을 때가 있습니까?
- 타인의 실수나 실패에 대해서 관대합니까?
- 다른 사람들이 결정한 것은 싫더라도 말 없이 순종합니까?
- 행동을 할 경우, 자기의 이해득실을 잘 생각합니까?
- 타인의 실수나 결점 등은 즉시 추궁합니까?
- 과거 일에 집착하지 않고 현재를 중시해서 행동합니까?
- 노는 자리에서 저항 없이 어울릴 수 있습니까?
- 어린이는 스파르타식으로 다룰 필요가 있습니까?
- 의리나 인정에 끌리는 경우가 많습니까?
- 생각을 그 자리에서 말하지 못하고 뒤에 후회할 때가 있습니까?

• 자기를 어떻게 평가하고 있는지 마음에 걸릴 때가 있습니까?					
• 자기마음에 들지 않는 사람은 깔보거나 무시합니까?					
• 멋내는 것을 좋아합니까?					
• 타인이 잘못을 저지르면 바로 화가 납니까?					
• 자기 스스로 적극적으로 행동하지 않는 편입니까?					
• 불쾌한 기분을 표정이나 말로 하지 않고 미소로 얼버무립니까?					
• 사람들에게 자연스럽게 응석을 부릴 수 있습니까?					
• 무슨 일이든 요령있게 활동을 합니까?					
• 가지고 싶은 것을 가져야 직성이 풀립니까?					
• 후회하는 마음이 오래도록 계속될 때가 있습니까?					
• 적은 노력으로 최대의 효과를 올릴 수 있도록 힘을 기울입니까?					
• 저항 없이 기발한 행동을 할 수 있습니까?					
• 희로애락의 감정을 솔직하게 표현합니까?					
• 타인의 무책임한 행동에 화가 납니까?					
• 자신을 빈틈없으며 타산적인 행동을 하는 건설파라고 생각합니까?					
• 대화를 할 때 데이터나 수치를 많이 이용하는 편입니까?					
• 타인을 돕는 데 솔선해서 하는 것을 좋아합니까?					
• 궂은 일을 스스로 맡아서 합니까?					
• 자녀나 후배에게 불평이나 불만을 못하도록 합니까?					
• 성(性)에 대한 것에 그다지 저항을 느끼지 않습니까?					
• 다른 사람의 심정이 되어 즐거워하고 슬퍼할 수 있습니까?					
• 오락이나 음식물을 만족할 때까지 취합니까?					
• 상대에게 보수 없는 일을 하고서 즐거워합니까?					
• 같은 일을 할 때 과거의 실패를 참고로 합니까?					
• 봉사활동이나 자선활동에 기꺼이 참여합니까?					
합계					

★ 자신의 에고그램 작성

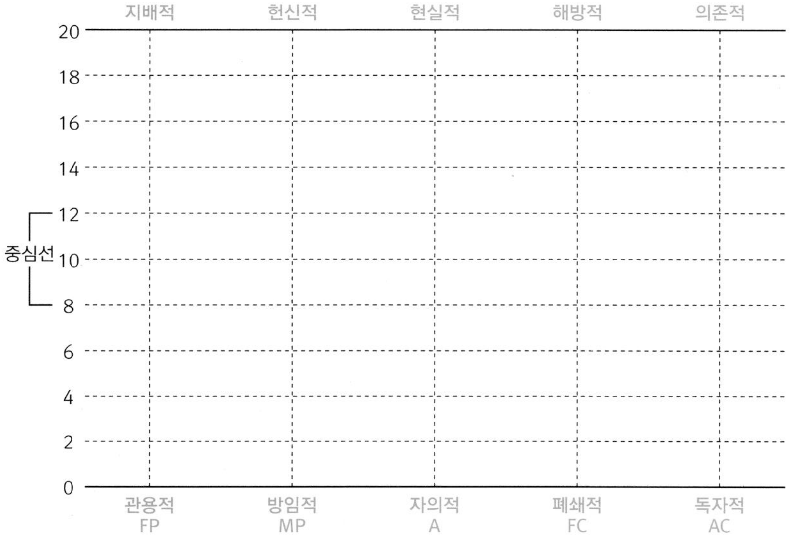
지배적
헌신적
현실적
해방적
의존적
20
18
16
14
12
중심선
10
8
6
4
2
0
관용적
FP
방임적
MP
자의적
A
폐쇄적
FC
독자적
AC

2 자아상태

교류분석에서는 개인의 인격에 세 가지 자아상태가 존재한다고 가정하고 있다. 이들을 부모parent, 성인adult, 어린이child의 자아상태라고 부르고, 부모 자아상태를 Ⓟ, 성인자아상태를 Ⓐ, 어린이 자아상태를 Ⓒ로 나타낸다.

(Berne, 1964)은 자아상태란 "감정 및 사고, 이에 관련된 일련의 행동양식을 종합한 하나의 시스템"이라고 정의하였다.

우리들의 행동은 이 세 가지의 자아상태들에 의하여 나타나게 된다.

① 당신은 어떤 사람이 마치 예전의 나의 아버지가 하시던 행동과 같은 모습으로 다른 사람을 손가락으로 지적하면서 추궁하는 모습을 본 적이 있는가? 당신은 마치 나의 어머니가 하시던 것처럼 다른 사람을 보살피는 일에 열중하고 있는 사람을 본 적이 있는가?

② 당신은 사실에 근거해서 합리적으로 사고하고 행동하는 사람을 본 적이 있는가?

③ 당신은 세 살 먹은 아이처럼 응석을 부리거나 마음대로 되지 않는다고 폭행을 가하는 사람을 본 적이 있는가?

자아상태를 그림으로 나타낼 경우 전인격을 나타내는 선원 또는 타원으로 세 개의 자아상태를 둘러싸서 〈그림 a〉 또는 〈그림 b〉로 나타내지만, 통상적으로는 〈그림 c〉와 같이 간략화해서 표현한다. 이것은 자아상태의 에너지는 유동적임을 의미하는 것이다.

세 가지의 자아상태는 다음과 같다.

©www.hanol.co.kr

그림 1-3 _ 자아상태

1) Parent(어버이의 모습)

Ⓟ 자아상태는 어렸을 때, 잘잘못을 따지지 않고 강제적으로 부모를 포함안 의미 있는 연장자들의 말이나 행동을 무비판적으로 받아들여 내면화시킨 것, 즉 외적인 기억이 뇌 속에 막대한 기록으로 축적되어지는 것이다. 그 시기는 대체로 생후 5세까지, 사회적으로 눈뜨기 이전이며, 사회적인 관례에 의해 가정을 떠나 교육기관에 보내질 때이다. 가장 많이 축적되는 기록은 자기 자신의 양친, 혹은 양친 역할을 하는 사람의 행동 · 태도 · 의견들이다.

유아가 본 양친의 행동, 그리고 유아가 본 양친의 모든 것은 Ⓟ에 기록된다. Ⓟ는 개개인 특유의 인생 초기경험의 기록으로서 성인이 되어서는 타인에 대한 편견, 권위, 강압, 독단적인 면과 양육적 · 보호적인 행동으로 나타난다.

Ⓟ의 또 다른 특징은 모순된 사실을 그대로 기억하고 있다는 것이다. 양친이 말하는 것과 실천하는 것이 다른 경우를 예로 들 수 있다.

"거짓말을 하지 마라!"라고 하면서 본인은 거짓말을 하는 행위, "담배는 건강에 해로우니 피우지 마라"라고 하면서 본인은 담배를 피우는 행위, "종교적인 논리에 충실하라"라고 하면서 정작 본인은 충실한 종교생활을 하지 않는 모습들을 보게 되는 경우가 그것이다.

유아는 이런 모순에 의문을 가지게 되어도 확실한 이유를 알 수가 없다. 그래서 유아는 혼란을 일으키게 되고, 이러한 모순의 기록으로 불안을 느끼게 되며, 그 불안에서 자신을 지키기 위해 그 기록들을 지워 버리게 되는 것이다. 유아는 또한 환경의 조건도 Ⓟ 데이터로 축적하므로 Ⓟ 자아상태는 배워서 알게 된 관념이라 할 것이다.

Ⓐ가 Ⓟ의 데이터를 점검할 때 유아기에 배운 사물처리방법은 그 후에 변해 버린 현실에 보다 합당하고 적합한 방법으로 개선되어진다. 하지만 유아기에 엄한 교육을 받은 사람은 과거의 방법을 음미하기가 곤란하여 오랫동안 그것에 휘말리게 된다.

2) Adult(성인의 모습)

생후 10개월 정도가 되면 유아는 이동하는 힘을 경험하기 시작한다. 물체를 만지작거리거나, 움직이거나, 자유롭게 움직일 수 없다고 하는 속박으로부터 해방되고, 컵을 가지고 놀거나 마시는 흉내를 내고 물건을 입에 가지고 가서 그것을 씹거나 한다. 그리고 근육운동을 많이 하는 것을 좋아한다. 여자아이는 웃을 때 한쪽으로 고개를 갸우뚱하고 부끄러운 모습을 보이기도 한다. 약 10개월이 되면 자신의 의식과 독창으로 무엇인가를 할 수 있다는 사실을 알게 된다. 이 자기현실이 바로 Ⓐ, 자아상태의 시초이다.

Ⓐ는 어렸을 때는 약하며 시험적인 것에 불과하다. 그것은 Ⓟ로부터의 명령과 Ⓒ로부터의 공포심으로 곧 무너져 버린다.

Ⓐ는 데이터 분석기와 같은 것으로 세 가지 종류의 정보를 모아서 정리하고 자극에 대한 반응을 결정한다. 즉 Ⓐ는 Ⓟ의 데이터를 조사하여 그것이 확실한지 어떤지를 결정하여 현재에 적합하게 고치기도 하고, Ⓒ의 데이터에 관해서도 현재의 감정을 안심하고 표현해도 좋은지 어떤지를 조사해서 상황에 맞는 표현방법으로 고친다.

Ⓐ가 하는 또 다른 역할은 예견이다. 이것은 어린 시절에는 좀처럼 할 수 없는 것으로 대부분의 사람들이 이 능력을 획득하려면 오랜 시간의 노력이 필요하다. 따라서 예견능력은 의식적인 노력으로 높일 수 있다.

Ⓐ는 근육처럼 사용법에 따라 성장하여 능률도 높아지게 된다. Ⓐ는 심한 스트레

스 상태일 때는 상처를 받게 되고, 좋지 않은 일에는 감정이 지배적이 된다. 자아상태의 경계가 무너지기 쉬우며 구별할 수 없을 정도로 되어버려 무력하고 의뢰심이 많은 어린 시절의 상태로 빠져 버리는 것이다. Ⓐ 자아상태는 생각되어진 관념이다.

3) Child(어린이의 모습)

Ⓒ 자아상태는 유아의 자연스런 여러 가지 유형의 충동이 포함되면서, 동시에 그 사람의 어린 시절 경험 기록에 대한 반응의 표출이며 자기 자신 또는 타인에 대한 본능적인 행동이다. 유아는 초기의 중요한 시기에 언어를 갖지 못하므로 그 반응은 대부분 감정적인 것들이다.

이런 유아의 상황을 잘 이해해야 한다. 유아는 유치하고 의존적이며, 무능하고 분별없으며, 의미를 전달하는 언어를 가지고 있지 않다. 한편 유아는 자기의 내부를 자유롭게 노출시키고 싶어 하는 충동원시적인 것을 가지고 있으며, 자유로운 감정을 표정으로 표출시킨다. 그래서 부수거나 때리는 것 등 새로운 동작의 발견과 유쾌한 감각을 경험하고 싶어 하는 것이다. 한편 Ⓟ나 Ⓒ는 누군가와 대화할 때 그 사람이 받아주어야만 하는 상태라고도 말할 수 있다.

어린 시절의 상태가 재현되거나, 그때 느낀 것과 똑같은 감정을 지금 느낀다고 하는 일은 자주 있는 일이다. 때때로 막다른 길에 직면하거나 현실적으로 또는 관념적으로 궁지에 몰리는 수가 있다. 이러한 상태는 Ⓒ를 자극하여 욕구불만이나 거절, 자포자기를 체험한 어린 시절의 감정을 재현시킨다. 그래서 어렸을 때의 억울한 상태로 되돌아가는 것이다.

이와 같은 감정의 포로가 된 상태는 Ⓒ가 활용되고 있다고 할 수 있고, 분노가 이성을 압도하고 있는 상태는 Ⓒ가 우세하다고 할 수 있다.

Ⓟ와 Ⓒ에 축적된 기록은 일생동안의 경험인지 혹은 5세까지의 경험만을 기록하는 것인지에 대한 질문에, 에릭 번은 "유아가 처음으로 사회적 경험을 하는 시기까지이며, 그때까지 양친으로부터 가능한 여러 가지 태도 · 행동을 배우고 익히며 그 기억을 굳힐 뿐이다"라고 답하였다.

Ⓒ 자아상태는 느껴서 얻은 관념이다.

3 자아상태의 개요

1) 부모의 자아상태 Ⓟ

생후 5년 동안 자신의 부모 또는 기타의 양육자로부터 보고 들은 법칙 · 규율 · 예절 등과 해야만 하는 것, 해서는 안 되는 것 등을 포함한 정보들이 비판에 의해서 교정됨이 없이 강제적으로 받아들여져 내면화된 생활개념이다. 타인에 대해 비판적 · 보호적 행동으로 표현된다.

2) 성인의 자아상태 Ⓐ

부모와 어린이 자아상태의 모든 원천으로부터 정보를 수집하고 처리 · 검토하여 객관적으로 현실을 파악하는 생활에 대한 하나의 사고적 개념이다. 컴퓨터와 같이 냉정하게 사물을 판단하고 처리해 갈 때 Ⓐ가 작용하고 있다고 한다.

3) 어린이의 자아상태 Ⓒ

주로 부모나 그 사람을 둘러싼 환경에서 일어난 사건들에 대한 반응으로 대부분 감정적인 것이 특징이다. 어렸을 때 한 것과 똑같이 느끼거나 행동하고 있을 때 당신은 Ⓒ의 상태에 있다고 할 수 있다.

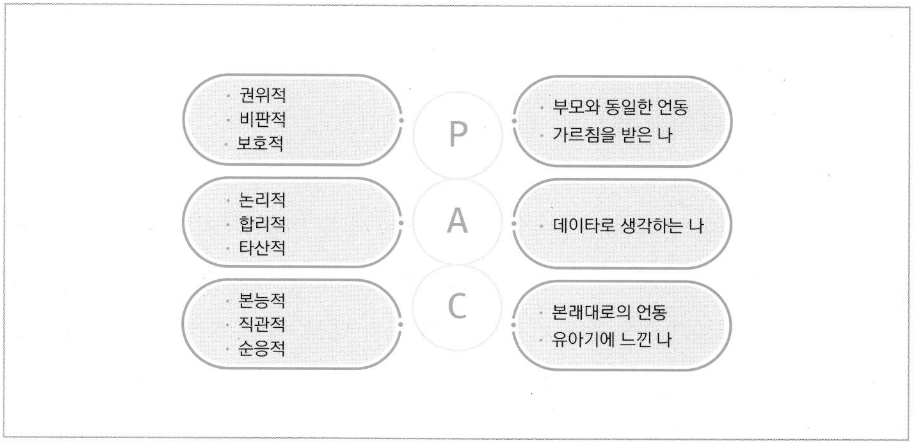

©www.hanol.co.kr

그림 1-4 _ 자아상태의 개요

① 당신의 반응(1)

"당신은 어느 식당에서 간단한 식사를 주문하였다. 꽤 오래 기다렸는데도 주문한 식사를 갖다 주지 않았다. 옆 테이블에 당신보다 늦게 온 고객의 비프 스테이크는 벌써 가져와 맛있게 먹고 있다. 당신이 주문한 카레라이스는 이 식당에서 가장 값이 싸고 간단하게 만들 수 있는 것이다. 당신은 어떠한 행동을 취할 것인가?"

Study Check

★ 다음 ①~⑤까지의 예를 보고 당신의 반응을 선택하고, 각각의 반응은 어느 자아상태에서 나오는 것인지를 기록하시오(P, A, C).

① "야!, 배고프다. 빨리 가져와!" 식당이 울리도록 고함을 친다. (　　　)

② 종업원을 불러서 항의를 한다. "야……, 어떻게 된 거야. 나는 옆사람보다 먼저 왔단 말이야. 차례가 있잖아. 차례를 지켜야지. 카레라이스면 빨리 되는 것 아니야. 빨리 가져 와!" (　　　)

③ 종업원을 불러서 항의를 한다. "배고파 죽겠어요. 빨리 좀 줘요. 벌써부터 기다리고 있잖아요. 나중에 주문한 옆사람 것도 나왔는데, 카레라이스가 제일 싼 거라고 차별대우하는 거예요?" (　　　)

④ 종업원을 불러서 냉정하게 질문을 한다. "12시 10분에 주문한 카레라이스 1인분 몇 분이나 더 기다려야 됩니까? 기다린 시간이 20분이나 되는데, 여기는 10번 테이블이고요. 주문은 5번 번호를 단 종업원이 받았습니다." (　　　)

⑤ 종업원이 지나갈 때 부드러운 말소리로 "여보세요. 바쁘시지요. 손님이 많군요. 여기 주문도 잊지 말고 잘 부탁합니다. 무리하지 마시고 천천히 하세요." (　　　)

② 당신의 반응(2)

"막차 시간인 밤 10시 30분경 좌석버스 정류장에서 줄지어 다음 차를 기다리고 있다. 사람들 모두 몹시 피곤해서 누구나 빨리 앉아서 내릴 때까지라도 눈을 붙였으면 하는 표정들이다. 당신은 마지막 자리에 앉을 수 있을까 말까 한 위치에 서 있다. 이번에는 꼭 앉아서 갈 수 있게 되기를 마음속에서 염원하면서 기다리고 있다. 이때 술이 취한 사람이 건들건들하며 당신 바로 앞에 새치기를 하려고 한다. 당신은 어떠한 행동을 취할 것인가?

Study Check

★ **다음 ①~⑤까지의 예를 보고 당신의 반응을 선택하고, 각각의 반응은 어느 자아상태에서 나오는 것인지를 기록하시오(P, A, C).**

① 떠들지 않고 침착하고 담담하게 말한다. "순서대로 섰습니다. 당신께서는 지금 오셨으니까 제일 뒤에 서시지요. 저기가 이 열의 끝입니다. 그렇지 않으면 오래 기다린 사람들에게 불공평하니까요" (　　　)

② "야……, 무엇하는 거야. 온 순서대로 줄을 선거야. 규율을 지키라구. 남자답게" 큰 소리로 외친다. (　　　)

③ 못본 척 한다. 술 취한 사람과 따지다가 봉변당하면 귀찮기 때문에. (　　　)

④ "안녕하시오. 기분이 매우 좋으시군요. 어떻습니까? 요즈음 경기는……" 즐겁게 대화를 하면서 순번에 대해서는 잊어버린다. 물론 나도 한 잔해서 얼큰한 몸이다. (　　　)

⑤ "많이 취했군. 서 있기도 어렵겠군"하며 동정한다. "내 차례를 양보하겠습니다. 기분 괜찮습니까? 혼자 댁까지 가실 수 있어요"하면서 자기 자리를 양보하고 제일 뒤로 걸어 간다. (　　　)

4 자아상태의 구조분석

Study Check

- 어버이의 자아상태를 나타내는 언행 중 당신이 즐겨 사용하는 것들은?
- 어른의 자아상태를 나타내는 언행 중 당신이 즐겨 사용하는 것들은?
- 어린이의 자아상태를 나타내는 언행 중 당신이 즐겨 사용하는 것들은?

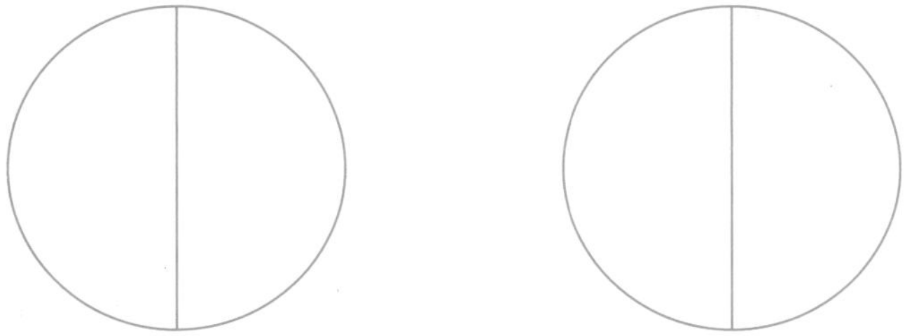

그림 1-5_자아상태분석

★ 상황이나 장소에 따른 자아상태의 변화에 대해 이야기해 봅시다.

5 자아상태의 편향

대개 Ⓟ주도형의 사람은 엄격하고 성실하며, 자유롭게 자기 감정을 표시하지 못하고 인생을 즐기는 능력이 결여되어 있으며, 일에 열중하기 쉽다.

양친이나 양육자와 같이 '이렇게 해야 한다'라든가, '그래서는 안 된다'라든가, '내가 해 줄게,' '도와줄까?' 하는 식의 언동이 많아서 상대는 Ⓒ우세형이 되기 쉽고 또 많은 편이다.

Ⓐ주도형은 현실적 자아가 우세해서 타산적이 되기 쉽고 합리적이지만 인정미가 없으며, 상대도 Ⓐ의 자아상태가 되겠지만 냉정한 관계가 되기 쉽다. Ⓒ의 주도형은 유아적 욕구가 강하고, 현실적 자아 Ⓐ가 부족해서 사회적 적응에도 어려움이 많으며, 감정면이 우세해서 자유방종한다든지, 반대로 지나치게 자기를 억압해서 상대의 감정에 영합한다든지 한다. 이런 사람에 대해서 상대는 Ⓟ로 접촉할 경우가 많다.

요는 이런 사람들에게는 자아상태 사용에 편향偏向이 있다는 것이다. Ⓟ주도형의 사람은 때와 장소 · 상태 등에 관계없이 Ⓟ의 자아상태를 매우 많이 쓴다는 것은 쉽게 상상할 수 있는 부분이다.

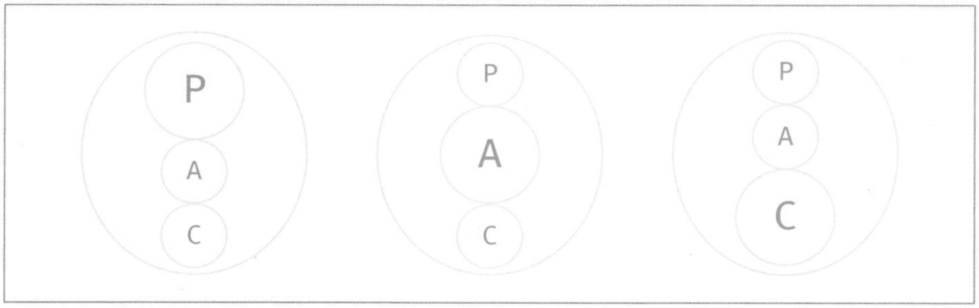

©www.hanol.co.kr

그림 1-6 _ Ⓟ·Ⓐ·Ⓒ 주도형

그래서 이 같은 사람을 상대하는 사람은 Ⓒ주도형이 되기 쉽고, 그 반면 Ⓒ주도형이어서 상대가 Ⓟ를 더 많이 쓰게 될 수도 있다. 뿐만 아니라 Ⓟ우세형의 사람은 Ⓒ주도형의 사람과 자연스럽게 결합되어친구나 상사와 부하·부부 등 상호관계를 가질 때가 많다.

다음 그림은 인생의 어떤 시기에 이르러 자아상태의 사용에 발생하는 '양적'인 변화를 일반화한 것이다. 사춘기는 아직 어린애 같은 면이 많이 남아 있지만 서서히

Ⓟ가 자리를 잡게 된다. 그리고 노인전기노년기에는 Ⓟ의 자아상태가 나이와 더불어 고정固定되어 우세해진다.

노인후기사회활동의 정지시기가 되면 마치 어린애 같은 행동이나 태도를 하게 된다. 이것은 일반적인 경향을 가지고 예시한 것이며, 사람에 따라서는 개인차도 많아서 "사람은 누구나 다 같다"라고 할 수는 없다.

동생들이 많고 양친이 맞벌이를 한다든지 병약한 가정의 장남이나 장녀는 노인초기형과 같을 수도 있겠으나앞에서 제시한 자아구조 분석도 중 어느 것과 유사하다고 해도 내용이나 질이 다를 수도 있으므로 마음에 새겨 둘 필요는 없다. 사춘기와 노인전기 사이에는 청년기라든가 장년기가 있지만 여기에는 그런 시기도 없다. 다만 이와 같은 시기에 일반적 경향이라고 한다면 Ⓟ, Ⓐ, Ⓒ는 연령에 따라 변화되고 있다는 것을 예시한 것이다자기 노력에 의해 바꿀 수 있다는 것에 대한 증명이 된다.

©www.hanol.co.kr

그림 1-7 _ 사춘기와 노년기 및 노인후기의 자아상태

6 자아상태의 오염과 제외

1) 자아상태의 제외(Exclusion)

자아상태의 고정된 경계는 심적 에너지의 자유로운 유동을 허락하지 않는다. 그것은 마치 두꺼운 벽이 심적 에너지를 하나의 자아상태 속에 가둬서 다른 하나 또는 둘을 제외시킨 것과 같다. 이 현상을 제외 또는 소외라고 말한다. 이런 사람들의 행동은 언제나 자극에 대해서 자아상태 중에서 하나 또는 둘만이 반응하는 경향이

있다. 그래서 대인교류에서는 우세한 Ⓟ나 또는 Ⓐ, Ⓒ의 자아상태만 등장한다.

만일 Ⓟ의 자아상태 또는 Ⓒ의 자아상태만 사용하고 Ⓐ의 자아상태는 쓰지 않는 사람이 있다면, 이런 사람은 그에게 현재 발생하려는 문제에 대한 이해나 파악을 할 수 없고, 현실감각이 소외되고 있을 것이다.

그러나 Ⓟ와 Ⓒ의 자아상태가 제외되고 Ⓐ의 자아상태만을 사용하는 사람은 인정미가 없고 냉정하며 기계적인 면이 있으나 현실감각이 뛰어나며 냉철한 사고력을 가지고 있다.

Ⓟ의 자아상태에 고정固定된 사람은 유머감각이 없으며 명령이나 지시적인 태도나 보호적이며 양육적인 태도를 취하여 인간적인 매력이나 삶에 대한 신념이 강하다는 특징이 있다.

Ⓒ의 자아상태에 고정된 사람은 의존적이며 놀기를 좋아 한다는지 반대로 자폐적인 면도 있으며, 비양심적이고 무책임한 행동을 하기도 한다.

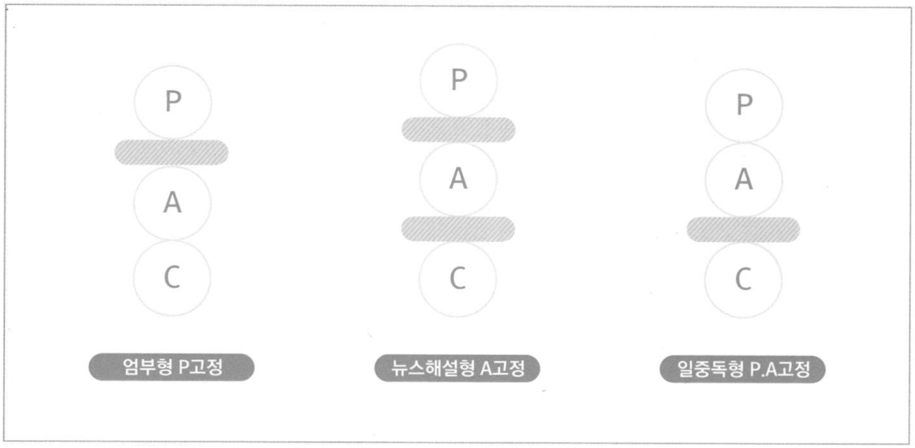

©www.hanol.co.kr

그림 1-8 _ 자아상태의 제외

2) 자아상태의 오염(Contamination)

Ⓐ의 자아상태의 청명清明한 사고는 '오염'에 의해 혼탁해진다. 오염이란 Ⓟ나 Ⓒ의 자아상태가 Ⓐ의 자아상태의 경계 중에 침입된 것이라고 생각할 수 있다. 오염은 Ⓐ의 자아상태가 근거도 없는 Ⓟ의 신념이나 Ⓒ의 왜곡을 그대로 '진실로' 받아들여

그와 같은 태도를 정당화한다든지 합리화할 경우에 생기는 것이다.

Ⓟ의 자아상태에 의한 오염은 환각을 경험하며 현실이 아닌 것을 감각적으로 지각知覺한다는 것을 말한다. 즉 실제로는 없는 것을 본다든지 또는 자책을 한다든지 명령하는 소리를 듣는다. 예를 들면, “저 녀석들은 살 가치가 없는 놈들이다”와 같이 자기 속에서 하는 말을 듣는다.

앞에서 말한 것보다는 경미한 Ⓟ오염에는 편견이라는 것이 있다. 편견이란 객관적인 데이터에 근거를 두어 ‘검정’檢定되지 않은 채 집요하게 의견을 주장하는 것이다. 부모나 부모와 같은 입장에 있는 사람은 어린이에 대해서 편견과 신념을 가진 태도를 표현하므로 이것이 사실인 것 같이 보인다.

Ⓒ의 자아상태로부터 강한 오염은 망상에서 생기는 것이 가장 많다. 일반적인 것은 과대망상이고, 자기만이 이 세상을 구할 수 있다고 생각하는 구세주救世主적인 망상이며 또 다른 면은 ‘다른 사람들이 나를 해치려고 한다’라든지 ‘내가 가난한 것은 사회제도가 나쁘기 때문이다’ 또는 ‘돈 많은 녀석들 때문에’라는 피해망상이 있다. 즉 현실을 왜곡해서 자각할 경우를 말하는 것이다.

이중오염은 Ⓟ의 편견과 Ⓒ의 망상이 Ⓐ의 자아상태를 겹겹이 둘러쌀 때 생긴다. 사실에 대해 객관적으로 이해하는 대신 Ⓐ의 오염을 이유로 내걸어 합리화하려고 한다. 만일 이와 같이 왜곡된 것들이 제외된다면 그 사람은 무엇이 현실인가를 확실하게 지각할 수 있게 된다.

©www.hanol.co.kr

그림 1-9 _ 자아상태의 오염

7 구조분석에 의한 언동개선방법

자아상태의 분포를 분석하고 일상의 언동을 개선하려는 것이 구조분석이다. 그러나 '알았다'만으로는 실제의 도움이 되지 않는다. 일상 속 자기 자신의 언동을 되돌아 보면서 Ⓐ의 자세에서 사실을 파악하고 Ⓟ, Ⓐ, Ⓒ의 불균형을 조사해 보는 것이 개선의 절차가 된다.

1) Ⓟ주도형의 사람

Ⓟ가 극단적으로 우세할 경우에는 어디서, 누구와, 어떤 경우에 하는 말, 하는 일에서 Ⓟ적인 말투, Ⓟ적인 태도, Ⓟ적인 처신, Ⓟ적인 자세가 나타나는지 알아본다. 예를 들면, 한 잔 하면서 즐길 때도 부하나 동료에게 "……해야 한다"라든지, "아니야! 그것은 안 된다니까!" 등의 자기의견을 타인에게 양보하지 않는다든지, 항상 자기를 높이고 타인을 내려다보는 태도나 비판 및 비평에 열중하는 것이다. 또 다른 면은 타인을 위해서 지나치게 희생적이라든지 친절을 강매하는 언동도 Ⓟ가 우세한 것이다. Ⓟ가 우세한 언동을 느끼게 되는 경우 Ⓐ의 에너지로 이행하면 자극도 바뀌고, 상대의 반응도 Ⓐ의 자아상태가 된다. 대인관계가 Ⓐ대 Ⓐ가 되면, Ⓐ에서 Ⓒ로 바꿀 수도 있어 그 장소와 그 환경에 맞게 즐길 수 있다.

2) Ⓐ주도형의 사람

Ⓐ의 자아상태가 비대한 극단적 Ⓐ주도형은 어떨까? 항상 냉정하게 사실을 바라보고 무미건조한 말이나 담담하고 정감이 없는 말투, 판에 박은 것 같은 응답, 무표정한 얼굴, 상대를 쉽게 수용하지 않으려는 자세나 태도, 상대는 마치 컴퓨터와 말하는 것 같은 느낌을 받게 될 것이다. 연회장에서 술을 마시면서도 숫자나 통계에 근거를 둔 화제를 꺼낸다. 이와 같은 사람은 Ⓟ나 Ⓒ가 우세한 사람과는 단 5분도 대화가 계속되지 않고, 자신도 피곤함을 느끼게 된다.

3) 감지해야 셀프컨트롤을 할 수 있다

TA를 학습하고 구조분석을 해 보며 대인관계 중에 자기의 언동을 '감지'하고 Ⓐ의 냉정함에서 해방된다면, Ⓒ의 자아상태에서 인생을 즐길 수 있게 된다. 사물에 대해서도 이해 → 감지 → 실천의 반복을 통해서 개선되고 발전하게 된다. 그 장소나 상황에 맞는 Ⓟ, Ⓐ, Ⓒ의 세 가지 자아상태의 균형이 잘 취해지고, 심신이 다같이 최고의 상태가 되며, 자기능력을 최고로 발휘할 수 있다.

TA를 학습하는 목적의 하나는 TA가 부모 · 형제 그리고 타인과의 관계에서 여러 가지 영향을 준다는 것을 이해하고 Ⓟ, Ⓐ, Ⓒ의 균형있는 '인격'으로 성장하도록 하는 것이다.

8 자아의 기능분석

인간 한 사람 한 사람의 자아상태 Ⓟ, Ⓐ, Ⓒ가 어떤 배분으로 구성되는지 알기 위한 것이 구조분석이라면, 그 사람의 자아상태가 도대체 어떻게 나타나는가를 실제 면에서 알 수 있는 방법이 기능분석이며, 기능분석이라는 것은 구조분석 Ⓟ, Ⓐ, Ⓒ를 더욱 기능적으로 세분한 것이다.

Ⓟ의 자아상태를 기능면에서 분류하면, 부성적 Ⓟ=FP(Father Parent), 모성적 Ⓟ=MP(Mother Parent)라고 하기도 하며, TA연구의 공통용어로는 CP(Critical Parent), NP(Nurturing Parent)라고 한다. 그리고 이와 같은 것은 연령이나 성별에 관계없이 생육사에서 생성된 것이며, 개인차가 있으므로 어느 것은 나쁘고 어느 것이 좋다는 생각은 잘못된 것이다.

Ⓒ의 자아상태는 태어나면서 자연스럽고 자유로우며 속박(구속)되지 않는 자유로운 Ⓒ=FC(Free Child)와 자기를 억제해서라도 타인의 기대에 맞추는, 즉 상대와 타협하는 순응된 Ⓒ=AC(Adapted Child)로 분류하게 된다. 그러나 Ⓐ만은 분류하지 않는다.

©www.hanol.co.kr

그림 1-10 _ 자아의 기능분석

1) 어버이의 자아상태

양친이나 양육자 등 유유아기乳幼兒期에 영향을 받은 사람들에게서 배운 것으로 부성적 ⓅFP와 모성적 ⓅMP와 작용을 하는 부분이며, 비판적이라든가 보호적인 특성을 가지고 있다.

"애비가 하라는 대로만 하란 말이야!"는 FP가 AC를 만드는 것이며, "과장님, 커피라도 드시죠"는 MP에 의해 FC를 표출시키는 것이다.

2) 성인의 자아상태

Ⓟ가 머리 속에 기록된 테이프라면, Ⓐ는 컴퓨터와 같은 것으로 데이터를 수집하면 기존의 사실과 대조해서 판단함으로써 문제를 해결하게 된다.

3) 어린이의 자아상태

Ⓒ에는 부모의 비판을 두려워 한다든지 또는 부모를 기쁘게 하기 위해서는 부모의 마음에 드는 '착한 아이'의 행동을 하는 순응된 Ⓒ AC와 자유롭게 처신하는 자유로운 Ⓒ FC 및 자연스럽지만 꾀돌이 같이 영리한 Ⓒ LP=작은 교수로 분류하고 있다.

표 1-1 자아상태의 양면성

긍정적 측면	자아상태	부정적 측면
• 비판, 도덕, 전통유지 • 규율, 규범, 이상추구 • 선악의 비교	FP	• 권위적이며 강압적 • 독단적 • 편견적
• 양육, 보호, 지지 • 친절하고 인정미 있음 • 육성, 타인의 입장 이해	MP	• 과보호, 과간섭 • 맹목적인 애정 • 잔소리가 많음
• 이론적이고 합리적 • 객관적이고 현실지향적 • P, C를 통제	A	• 인간미가 없음 • 무감동적인 행동 • 냉정함
• 애정표현이 풍부 • 활동적이고 창조적임 • 호기심이 강하고 자발적	FC	• 반항, 공격적 • 자유, 방종, 공포심 • 자기중심적
• 잘 복종함 • 대결을 피함(유순함) • 자기를 내세우지 않음(겸손)	AC	• 우물쭈물 지연 • 불평 · 불만 • 폐쇄적

표 1-2 자아상태를 보는 법

구분	자아상태		언어	비언어	상대가 받는 느낌
P	비판적(FP)	봉건적 도덕적 정의감 선악감 규제적 보수적 비판적 권위적 편견적(critical parent)	• 요새 젊은이들은 무책임해서 큰 일이야!(비판성) • 남자의 장발은 불결하고 보기 흉해(규제적)	• 손가락질, 삿대질 • 머리를 젓는다. • 머리를 때린다. • 이마를 찌푸린다. • 어깨를 두드린다. • 손을 강하게 잡는다. • 눈살을 찌푸린다. • 발을 꼬고 앉는다	• 모욕적이고 무시당한 느낌을 받는다. • '이 풋내기야!'라는 느낌을 받는다. • 콧방귀를 뀌는 느낌을 받는다.
	양육적(MP)	양육적 보호적 지지적 동정적 상대의 마음을 이해 맹목적 애정(nurturing parent)	• 잘했어, 위로하는 말을 해 주자. • 매우 고심하고 있군, 도와줄까? • 숙제 많아? 내가 해 줄까?	• 위로하는 눈길 • 손을 잡고 손등을 매만진다. • 눈을 가늘게 뜨고 입가 • 에 소를 진다(C의 경우도 있다). • 입술을 매만진다.	• 위로를 받는 느낌이다. • 입장을 이해하는 것을 느낀다. • 의지하고 싶은 느낌이 든다. • 어울린다는 느낌을 받는다.
A	이성적	논리적 합리적 객관적 이성적 확률론적 사실평가적 현실지향 컴퓨터적 정보수집지향(adult)	• 오늘은 무슨 요일이죠? • 사실을 확인합니다. • 확실합니까? • 검토해 봅시다. • 반대의견을 듣자. • 가능성이 있다. • 회의결과를 보고 결정하자. • 다른 의견 없습니까?	• 감정적이 아니다. • 발을 모으고 손을 무릎에 가볍게 놓은 자세 • 눈이 맑고 반짝인다(호기심의 행동은 C).	• 냉정하고 침착한 느낌이 든다. • 안정된 느낌 • 객관적이고 평가적인 느낌 • 타산적이란 느낌을 받는다.

C	자유로운 (FC)	본능적 자발적 적극적 충동적 향락적 반항적 반동적 호기심 자기중심적 직관적 창조적 조작적 (free child)	• 자, 끝났다. 한잔 하러 가자! • 될 대로 되라지! • 도저히 다 할 수가 없어요. • 도와줘요. • 아, 그렇구나! • 좋아 죽겠다. • 꼴 좋다. • 하고 싶다. • 가지고 싶다.	• 자유로운 행동 • 희로애락의 직접적인 표현 • 눈물을 흘린다 • 화를 낸다. • 눈을 두리번거린다. • 끈질기게 조른다. • 매우 기뻐한다. • 손뼉을 친다. • 크게 웃는다. • 말하고 싶어서 손을 든다. • 손톱을 씹는다.	• 자유로운 느낌 • 솔직한 심정을 그대로 읽을 수 있다. • 갑자기 생각이 떠올랐다는 느낌 • 꾀돌이 같은 느낌 • 장난스런 느낌
	순응된 (AC)	순응적 소극적 폐쇄적 감정억압 비대결적 자기연민 (adapted child)	• 하라는 대로만 하자. • 잠자코 있자. 그게 편하니까. • 말썽나면 어쩌지. • 나는 별 수 없어.	• 자기 기분을 억압한다. • 입술을 떤다. • 입을 다문다. • 눈을 흘긴다. • 곁눈질을 한다. • 우물쭈물한다. • 낄낄 웃는다.	• 감정억제의 느낌 • 참하다는 느낌

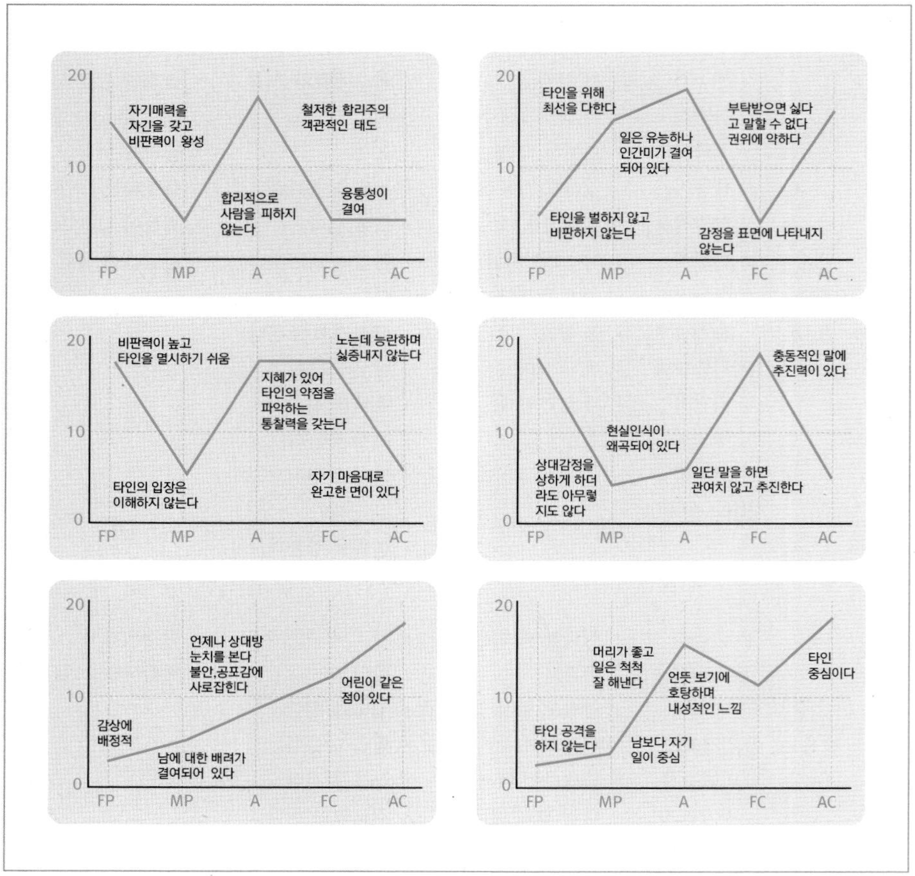

그림 1-11 _ 에고그램 분석(예)

4) 연습문제

★ 자아상태의 식별

① 신입사원 한 사람이 중요한 서류를 분실했다.

ⓐ 책임져야 할 일을 왜 제대로 못하나? ( )

ⓑ 2~3일전 일을 잘 생각해 봐요. 누군가가 썼는지 모르잖아요. ( )

ⓒ 야단났는데. ( )

② 중요한 설비가 고장나서 업무에 지장을 주고 있다.

ⓐ 언제 수리해 주러 오는지 알아봐 주세요. ( )

ⓑ 에이! 시도 때도 없이 망가져 땅바닥에 내던져 박살내고 싶은 심정이야. ( )

ⓒ 취급자가 부주의해서 그래. 자기 일은 자기가 좀 더 정신을 차려서 해야지. ( )

③ 동료직원이 상사로부터 중요한 제안을 거절당해서 속상해 하고 있다.

ⓐ 안됐네요. 차라도 한 잔 드시고 기운을 내세요. ( )

ⓑ 정말 싫어졌어. 나도 전에 그런 일이 있었지만 정말 약이 올라 혼났어. ( )

ⓒ 왜 그랬을까? 무슨 이유가 있었는지 다시 한 번 생각해 봅시다. ( )

④ 여사원이 몸에 꼭 붙는 옷을 입고 출근했다.

ⓐ 야, 저것봐. 멋있지! ( )

ⓑ 가슴선이 노골적으로 나타나는 옷을 입고 회사에 오다니, 말도 안돼. ( )

ⓒ 저 사람은 일하러 오는데, 왜 저런 옷을 골랐을까. ( )

⑤ 후배가 회의시간에 지각하고 들어와서 옆에 앉는다.

ⓐ 지친 걸 보니 일이 너무 많아 고생하고 있는 것 같다. ( )

ⓑ 헐레벌떡 뛰어 오는 걸 보니 가관이네. ( )

ⓒ 거래처에서 누가 온다더니 왔다 갔어? ( )

★ 에고그램 찾기

아래에 기술되어 있는 사람들의 특성을 보고 각각의 에고그램이 어느 것인지를 찾아보십시오.

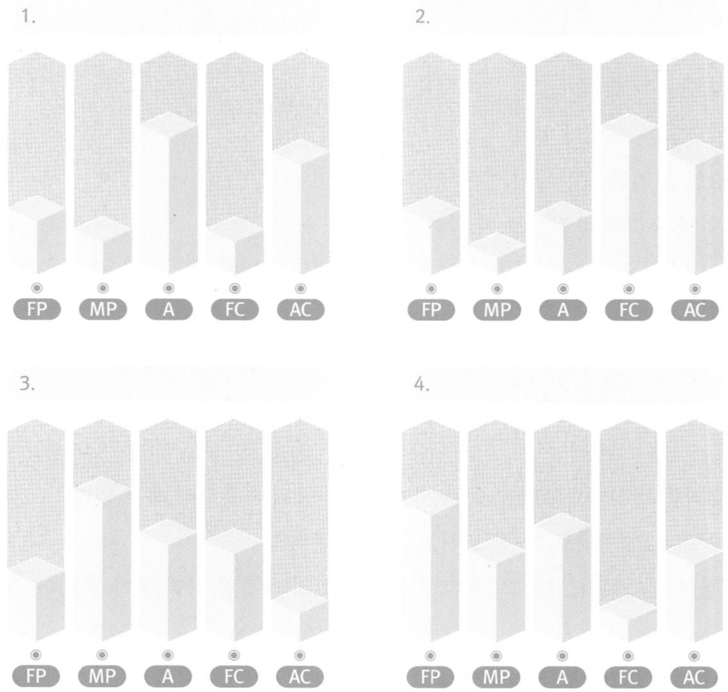

©www.hanol.co.kr

- 김부장: 차분하며 겸손하고 다방면에 걸쳐서 폭넓게 알고 있는 사람이다. 그는 현실적이고 자기를 잘 드러내지 않는 사람이다.
- 이부장: 조직 내에서 큰 영향력을 가지고 있으며, 일에 대한 신념이 강한 사람이다. 가끔 독선적이라는 말도 듣지만 총명하다는 평도 듣는다.
- 김길동: 직감력이 뛰어나고 어려운 상황에 대처하는 능력이 뛰어나며, 마음 내키면 열심히 일하고 고집도 좀 있지만 마음은 약하다는 소리를 듣는다.
- 김대리: 남의 어려운 일을 그냥 보아 넘기지 못하는 사람이다. 그는 합리적이고 객관적이라는 소리도 듣는다.

★ 에고그램 파악하기

어느 60대의 경영자는 평소 입버릇처럼 다음과 같이 말한다. 아래에 그의 에고그램을 그려 보십시오.

내가 늙어서 그런지 요사이 젊은이들은 돼먹지 못했다. 예의도 갖추지 않고 제멋대로 일보다는 노는 데 열중하고 있어 큰 일이야. 보통 때는 주의를 주려고 해도 잔소리 많은 노인이라는 말을 듣기 싫어서 그만두지만 정말 어쩔 도리가 없어.

요즘처럼 불황이 지속되면 우리 같은 중소기업은 자금을 끌어들이는 것이 마치 일의 전부인 것 같아 조달처나 은행에는 머리를 들 수가 없고, 손님 마음에 들자니 그들이 하자는 대로 따라야 하고……

시장조사도 남에게 맡기지 않았고, 동업자들이 권하는 골프도 삼가고 오직 일만하는 지난 1달 동안 위장병도 있었고, 소화도 잘 안 된다. 혈압 때문인지 머리가 무겁고 개운치 않다.

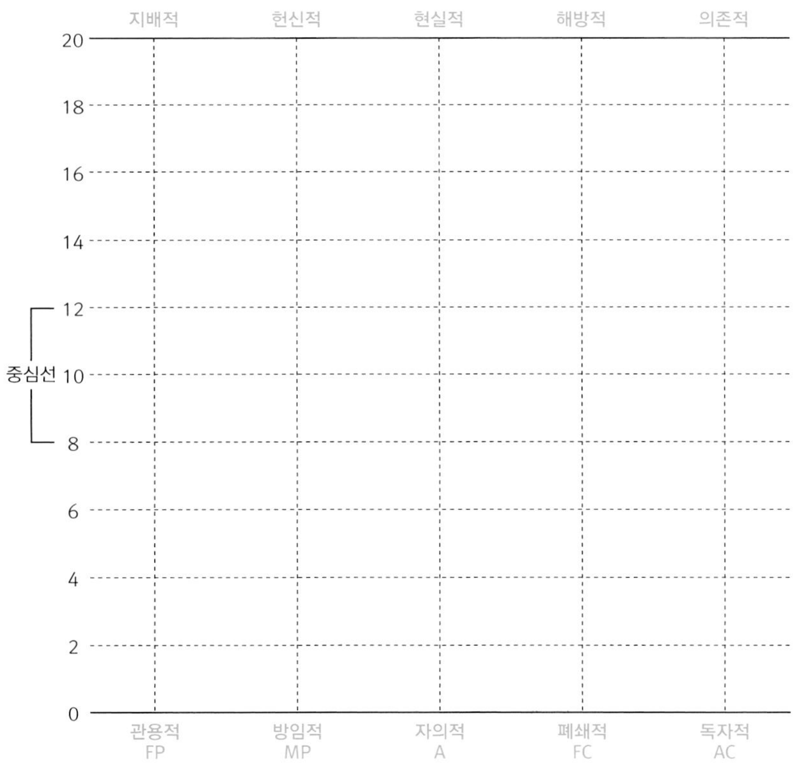

9 에고그램 해석

1) 비판적 부모(FP)

태도 …… 높을 때는 지배적이다.

1 중심선보다 높다면

이상을 추구하고, 양심적이며, 책임감이 있고, 권위적인 특징이 강하다. 상대는 안심할 때도 있지만, 반발을 느낄 때도 있다.

2 지나치게 높은 사람은

자기나 타인에게 엄격하고 자기가 주장하는 것을 강요한다든지 비판적이다. 뿐만 아니라 상대의 말을 잘 들으려 하지 않는다. 그래서 상대는 위축되어 말을 하지 않는다. 특히 AC가 높은 사람은 본심을 억압해서 참고 있지만 어떤 시점에 도달하면 반항할 때가 있다.

태도 …… 낮을 경우 관용적이다.

느슨하다든지 또는 무절제하다는 말을 듣는다. 사회생활의 규범 · 도덕 · 가치관을 자신에게나 상대에게 추구하지 않는다. 만일 FC가 높을 경우에는 자기감정이 움직이는 대로 행동을 해서 주위사람들의 마음을 긴장시킨다든지 또는 진땀을 흘리게 할 때도 있을 것이다. 성인으로서 신뢰받을 수 없으며, 중요한 일을 상의할 때도 우물쭈물해서 흐릿한 사람이라고 공격을 받을 수도 있다.

2) 보호적 부모(MP)

태도 …… 높다면 헌신적이다.

❶ 중심선보다 높다면

모성적인 온화한 면이 있다. 다른 사람들을 도와주고, 동정적이며, 타인에게서 원조를 요청받으면 거절을 하지 못하는 특징이 있다.

❷ 지나치게 높은 사람은

과보호 · 과간섭하는 면이 있다. 자신은 즐겨서 하지만 상대는 자신도 모르는 사이에 자주성 · 자립성을 빼앗기며 의존심이 만들어진다. 때로는 그것을 싫어하는 상대를 만나면 반항을 받아 어리둥절할 때가 있을 것이다.

그와 같은 일은 상대가 감당할 수 있는 일에도 원조의 손을 뻗어 생기는 일이다.

태도 …… 낮을 경우 방임적이다.

냉정하고 인정미가 없다. 이것이 자기 자신에 대해서도 해당된다. 특히 FP가 높다면 지나치게 엄격해서 생활의 여유나 유연성이 없을 것이다. 열이 있다든지 또는 몸이 불편해도 직장이나 학교에 갈 것이다. 쉰다는 것은 게으른 탓이라고 생각해서 취하는 행동이다.

3) 성인(A)

태도 …… 현실적이다.

❶ 중심선보다 높다면

이성적 · 합리적 · 능률적, 냉정 · 솔직 · 결단 등의 특징이 강하다. 일도 척척 계획적으로 할 수 있을 것이다. 꾸중도 감정으로 꾸중하지 않으며, 이해할 수 있도록 태도를 취한다. 다른 사람 말을 경청하며 서로 이해하려고 한다. 상대편에게도 냉정하게 이론적으로 생각할 수 있도록 해서 문제의 해결과 연결시킨다.

② 지나치게 높은 사람은

무감정 · 물질만능주의 등 상대편에게 냉정한 느낌을 줄 것이다. FC가 낮으면 일하는 것 이외는 인생을 즐긴다는 것은 생각하지 않는다.

태도 …… 낮을 경우에는 즉흥적이다.

정확한 판단이나 분석을 하지 못하여 계획성이 없어서 하는 일에 지장이 생길 때가 많다. 즉흥적으로 행동하므로 일관성이 없어 신뢰를 받지 못한다. 그래서 상대방은 불만을 품고 지성인다운 교류를 피하려고 한다.

4) 자유로운 어린이(FC)

태도 …… 높다면 개방적이다.

① 중심선보다 높다면

자발적 · 적극적 · 창조적 · 직감적이며, 공상을 즐기는 특징이 강하고, 희로애락의 감정을 솔직하게 표현하며, 개방적인 생활태도를 취하면서 살아 갈 것이다. 자율성이 있는 자유로운 생활을 할 수 있어 주위사람도 즐겁게 해준다.

② 지나치게 높은 사람은

충동적이고 자기중심적이며 무책임한 면이 강해서 마치 개구쟁이 같은 모습이 있다.

태도 …… 낮을 경우에는 폐쇄적이다.

놀이나 여행 등을 자기 자신이 적극적으로 즐기려 하지 않는다. 특히 자기의 AC가 높고 상대의 FP가 높을 경우에는 자기 자신을 억압하므로 안절부절 못한다든지,

마음속에서 불평을 한다든지, 음주행위로 그것을 무마하려고 한다든지, 그렇지 않으면 엉뚱한 곳에서 발산화풀이 같은 것할 때도 있을 것이다.

5) 순응한 어린이(AC)

태도 …… 높다면 의존적이다.

① 중심선보다 높다면

순응적이거나 타협적이며 잘 협조하는 특징이 있다. 상대방의 기대를 맞추려고 감정을 억압하고, 자기희생도 감수한다. 타인의 눈치를 살핀다든지, 하는 말이 마음에 걸려 걱정이나 불안감을 느낄 때도 있다.

② 지나치게 높은 사람은

죄악감이나 자기속박이 강하고 자기를 비하한다든지 또는 열등감으로 말미암아 자기의 적의를 마음속에 파묻어 버린다.

태도 …… 낮을 경우에는 독자적이다.

자기중심적인 면이 많이 작용하는 편이며, 특히 FC가 높다면 자유방종하다는 말을 들을 수도 있다. 그래서 인간관계도 뜻대로 잘 안될 때가 많을 것이다. 즐기기에는 즐겁고 편하다고 생각하지만, 사회성이란 측면에서 본다면 떳떳한 사람이라고 하기 어려울 때가 있을 것이다.

10 원만한 교류

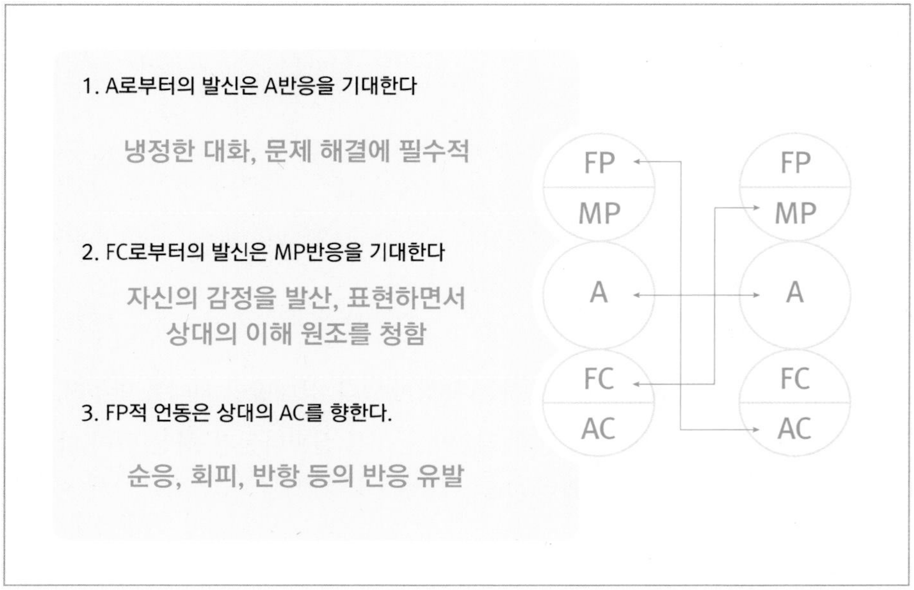
1. A로부터의 발신은 A반응을 기대한다
냉정한 대화, 문제 해결에 필수적
2. FC로부터의 발신은 MP반응을 기대한다
자신의 감정을 발산, 표현하면서
상대의 이해 원조를 청함
3. FP적 언동은 상대의 AC를 향한다.
순응, 회피, 반항 등의 반응 유발
FP
MP
A
FC
AC
FP
MP
A
FC
AC

그림 1-12 _ 신뢰형성을 위한 일반적 대화

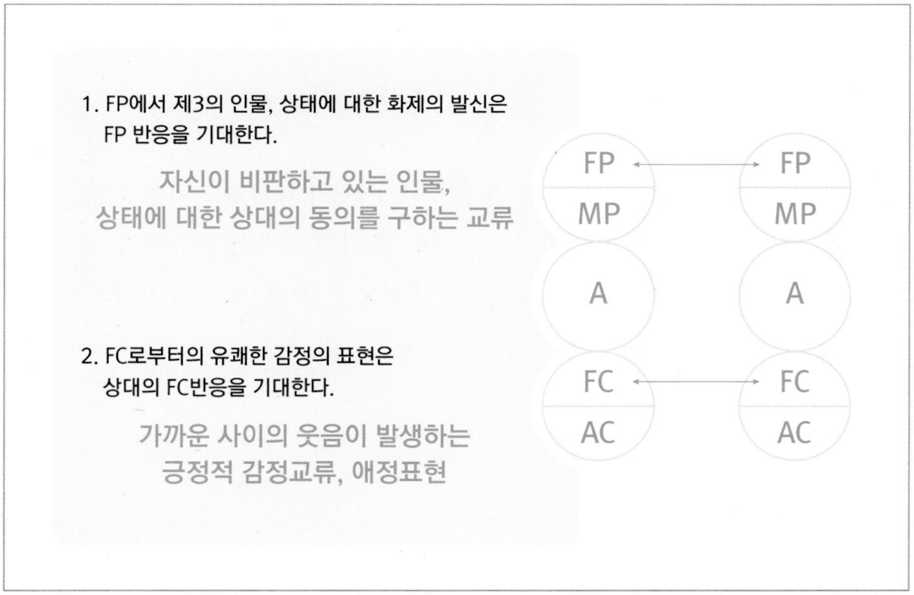
1. FP에서 제3의 인물, 상태에 대한 화제의 발신은
FP 반응을 기대한다.
자신이 비판하고 있는 인물,
상태에 대한 상대의 동의를 구하는 교류
2. FC로부터의 유쾌한 감정의 표현은
상대의 FC반응을 기대한다.
가까운 사이의 웃음이 발생하는
긍정적 감정교류, 애정표현
FP
MP
A
FC
AC
FP
MP
A
FC
AC

그림 1-13 _ 친한 사이의 대화

11 행동반응의 과정

후회를 동반하는 사람의 행위는 대부분 감정의 결과이다. 사람들은 누구든지 부정적 활동을 하는 감정을 많이 가지고 있다. 이러한 부정적 감정을 제어하지 못하고 감정이 흐르는 대로 생각하거나 행동하는 것은 인간관계를 저해하는 원인이 된다.

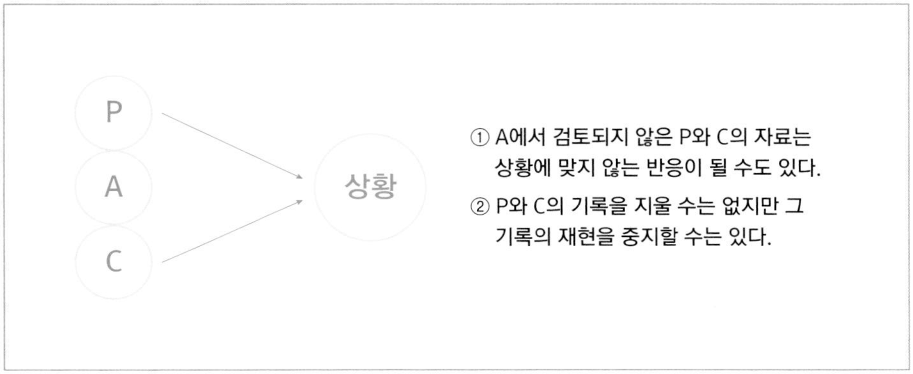

그림 1-14 _ P · C에 의한 기계적 반응

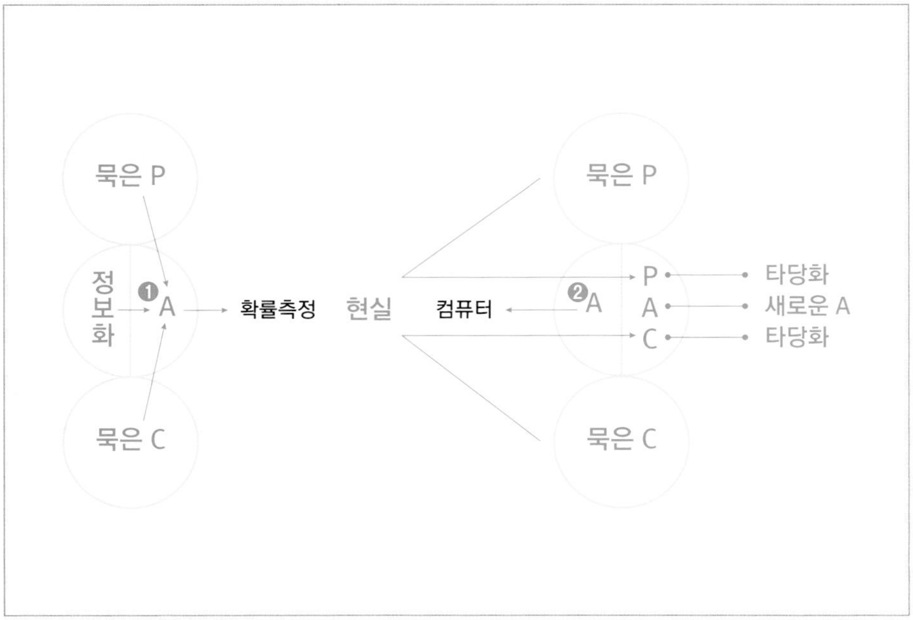

그림 1-15 _ A에 의한 사고적 반응

04 인생태도

효과적 커뮤니케이션을 행하기 위한 마음자세를 『잡보장경』雜寶藏經의 무재칠시를 소개하며 강조하고자 한다. 상대를 통제하고 지휘하려는 목적이 아닌 상대를 존중하는 마음으로 함께 나누는 의미로서의 커뮤니케이션을 배워 보자. '무재칠시'無財七施란 수중에 돈 한 푼 없이도 사람이 사람에게 베풀 수 있는 일곱 가지 보시布施'란 뜻을 가지고 있으며, 그 일곱 가지 내용은 다음과 같다.

1. **화안시(和顔施)**

   부드러운 얼굴로 사람을 대하라.

2. **언사시(言辭施)**

   좋은 말씨로 사람을 대하라.

3. **심시(心施)**

   마음가짐을 좋게 해 베풀라.

4. **안시(眼施)**

   눈빛을 좋게 가지라.

5. **지시(指施)**

   지시나 가르침을 고운 말로 하라.

6. **상좌시(牀座施)**

   남에게 앉을 자리를 마련해주라.

7. **방사시(房舍施)**

   쉴 만한 방을 내주라.

- 『잡보장경』(雜寶藏經) -

1 Ok-Ok 자세를 가져라!

인생초기 5~6세경까지의 경험을 통해 자기 자신의 가치에 대한 정착된 관념에 의해서 성격의 일부가 되며, 자기 인생의 의미나 성장 후 성격의 한 부분이 되는 어떤 특징 있는 방법으로 행동이나 반응태도하는 것을 결정하게 된다. 이러한 성향은 주로 부모나 양육자의 양육태도, 즉 금지 · 명령 · 허용 · 태도에 의해 크게 영향받아 형성된다. 인생의 매우 빠른 시기에 이루어진 자기와 타인에 대한 결단은 그것이 전혀 비현실적인 것이라 해도 그와 같은 결단을 할 시기의 어린이에게는 이론적이며 의미가 있는 것으로 생각하는 것이다. 예를 들면, 만일 어떤 어린이가 놀림을 받는다든지 바보취급을 당한다면 그 어린이는 4~5세가 될 때까지 자기는 바보이며 타인은 모두 자기보다 우월하다는 생각을 하게 될 것이다. 따라서 그 어린이는 '자기는 OK가 아니다' 그러나 '당신자기 이외의 사람은 OK입니다'라는 인생태도로 자기의 각본을 구성하게 되며, 학교에 들어가서도 실패만해서 자기는 능력이 없다고 생각하게 된다.

☑ **OK라는 것은?**

마음에 든다, 도움이 된다, 강하다, 올바르다, 현명하다, 풍부하다, 즐겁다, 할 수 있다, 아름답다, 청결하다, 유복하다 등 '좋은,' '행복'하다는 느낌(OK feeling)

☑ **Not-OK라는 것은?**

무가치하다, 사랑받지 못하고 있다, 바보다, 밉다, 약하다, 능력이 없다, 실패한다, 틀렸다, 자유롭게 행동하지 못한다 등 모두 '나쁘다,' '불쾌'하다는 느낌(Not OK feeling)

Study Check 진단지

★ 아래 20개의 문항에 대해 자신에게 맞는 것이라고 생각하는 것에 2점, 맞지 않는 것에 0점, 어느 쪽도 아니라고 생각하면 1점을 해답란에 기입해 주십시오.

- Test 1

① 충실감이 있는 하루하루다.
② 상처받기 쉬운 편이다.
③ '나에게는 능력이 없다'라고 체념하는 일이 많다.
④ 자신의 실패를 그다지 신경쓰지 않는다.
⑤ '무엇 때문에 이런 일을 하고 있는 것인가'라고 생각하는 일이 있다.
⑥ 자기가 하고 싶은 일이라도 상대가 싫어하는 것 같으면 그만둔다.
⑦ 자신에게는 아직 감추어진 재능이 있다고 생각한다.
⑧ 타인으로부터 비판받으면 아무런 말도 하지 못한다.
⑨ 좋아하는 사람에게는 스스로 다가선다.
⑩ 대부분의 일은 하면 된다고 생각한다.
⑪ 자신은 매력적이라고 생각한다.
⑫ 싫은 일이라도 곧 기분전환할 수 있다.
⑬ 앞으로 하고 싶은 일과 포부가 많다.
⑭ 진정한 자신을 내보이면 타인에게 미움받을 것 같은 기분이 든다.
⑮ 스스로 타인에게 접근하는 일은 없다.
⑯ 자신의 사고방식에 만족하고 있다.
⑰ 상대가 화제로 삼고 싶지 않은 것은 취급하지 않는다.
⑱ 무엇을 하든 잘 안 되고 있다는 생각이 든다.
⑲ 타인과 비교해 보아 자신이 모자라는 점이 많다.
⑳ 자신이 느낀 것은 무엇이든 상대에게 이야기하는 편이다.

번호	1	2	3	4	5	6	7	8	9	10	11	12	13	14	15	16	17	18	19	20	합계
구분	●	○	○	●	○	○	●	○	●	●	●	●	●	○	○	●	○	○	○	●	=
점수	=			=			=		=	=	=	=	=			=				=	
		=	=		=	=		=						=	=		=	=	=		

- Test 2

① 그 사람이 있어서 좋았다고 생각하는 일이 많다.

② 다른 사람들과 함께 일을 하면 잘되지 않는 편이다.

③ 자기 취미에 맞지 않는 사람과는 어울리고 싶지 않다.

④ 그가 여러 가지로 이야기하는 것을 듣기 좋아한다.

⑤ 상대의 장점을 발견하는 것에 능란한 편이다.

⑥ 사고방식이 다른 사람과도 잘 어울린다.

⑦ 연애란 이런 것이라고 딱 잘라 말하는 점이 있다.

⑧ 그의 결점 중 하나가 눈에 띄면 비판한다.

⑨ 상대와 싸우더라도 해결의 실마리를 스스로 만들어내는 타입이다.

⑩ 귀찮은 일에는 가능한 한 관련하고 싶지 않다.

⑪ 상대가 무엇인가 해주기를 바란다.

⑫ 즐거운 듯한 사람을 보고 있으면 자신까지 즐거워진다.

⑬ 무엇을 하든 좋지 않은 사람이 많다고 생각한다.

⑭ '나는 이렇게 노력하고 있는데……' 라고 생각하는 점이 있다.

⑮ 문제가 생기면 다른 사람탓으로 돌리는 일이 많다.

⑯ 그가 하는 말은 마음으로부터 좋다고 느낀다.

⑰ 개인적인 일은 거의 이야기하지 않는다.

⑱ 상대방의 단점도 포용하는 편이다.

⑲ 상대보다 좀 더 좋은 사람이 있으리라 생각한다.

⑳ 상대가 하는 말을 그대로 믿기 쉬운 편이다.

번호	1	2	3	4	5	6	7	8	9	10	11	12	13	14	15	16	17	18	19	20	합계
구분	■	□	□	■	■	■	□	□	■	□	■	■	□	□	□	■	□	■	□	■	=
점수	=			=	=	=			=		=	=				=		=		=	
		=	=				=	=		=			=	=	=		=		=		

• 진단그래프

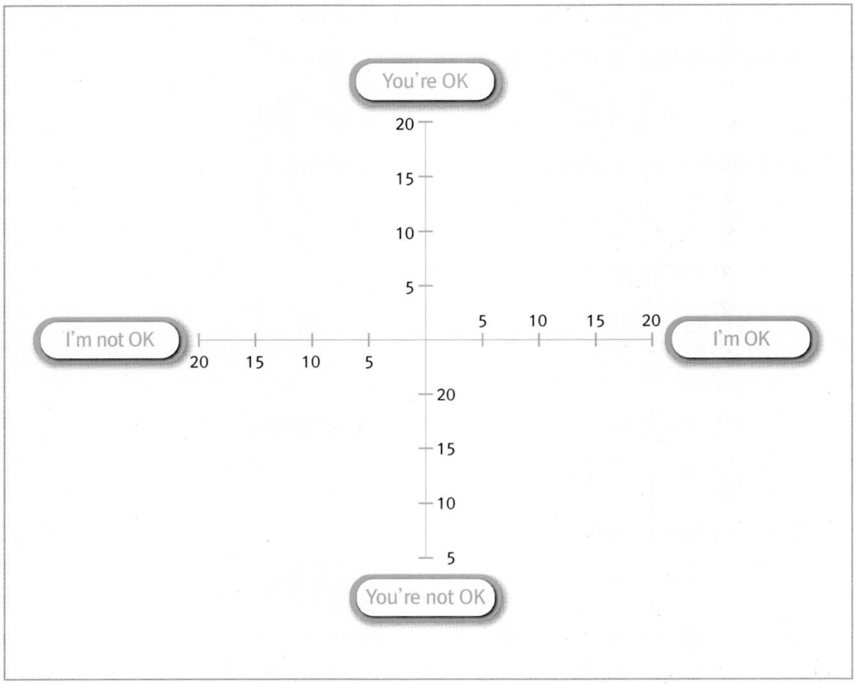

©www.hanol.co.kr

• 개선할 점

2 인생태도의 형성

어른으로 성장하면서 일을 할 때나 또는 사생활에 있어서도 자기의 인생태도를 행동으로 표시함으로써 자기가 정한 방향을 실현하게 된다. 자주 과오를 범해서 꾸중을 듣고 그것이 반복되면서 자신은 무엇인가 모자라는 인간이라고 느끼게 되며, 그것이 정착되면서 자기에게 특유한 인생태도를 형성하게 된다.

어떤 사람이든 자기 인생각본에는 다음 두 가지의 기본적인 질문과 관계가 있다. 나라는 사람은 도대체 이 세상에서 어떤 존재인가, 다른 사람들은 나에게 있어서 도대체 어떤 존재인가? OK인가, Not-OK인가 등의 결단은 인생태도의 기초가 되는 것이다. 그리고 그와 같은 인생태도는 긍정적인 것이든 또는 부정적인 것이든 관계없이 의식하지 못한 채 각본의 역할희생자·박해자·구원자로 굳어져 간다.

특히 유아기 때 양친이나 양친을 대신하는 양육자로부터 받은 스트로크의 '질과 양'에 의해 많은 영향을 받는다.

©www.hanol.co.kr

★ **자기 자신에 대한 인생태도를 결정할 때 사람들은 다음과 같은 결론을 짓게 된다.**

- 나는 언제나 바른 일만 한다(I'm OK).
- 나는 무엇을 해도 잘 할 수가 없다(I'm Not OK).
- 나는 살 가치가 없다(I'm Not OK).
- 나는 누구보다도 선량하다(I'm OK).
- 나는 내가 생각한 대로 할 수 없다(I'm Not OK).
- 나는 좋은 두뇌를 가지고 있다(I'm OK).

★ **타인에 대한 인생태도를 결정할 때 사람들은 다음과 같은 결론을 짓게 된다.**

- 사람들은 모두 멋지다(You're OK).
- 사람들은 정말 형편없다(You're Not OK).
- 사람들은 나를 도와준다(You're OK).
- 사람들에게서 나는 괴로움을 당한다(You're Not OK).
- 사람들을 신뢰할 수 없다(You're Not OK).
- 사람들은 모두 정직하다(You're OK).

★ **결국 이것은 다음 네 가지의 기본적인 '인생태도' 중 어느 것인가를 형성하게 된다.**

- 제1의 태도: 나는 OK가 아니며, 당신은 OK
(I'm Not OK You're OK=자기부정 · 타인긍정)
- 제2의 태도: 나는 OK가 아니며, 당신도 OK가 아니다.
(I'm Not OK You're Not OK=자타부정)
- 제3의 태도: 나는 OK, 당신은 OK가 아니다.
(I'm OK You're Not OK=자기긍정 · 타인부정)
- 제4의 태도: 나도 OK, 당신도 OK
(I'm OK You're OK=자타긍정)

Study Check

어떤 인생태도인가?

① 신입사원이 근무부서에 배치되었을 때 주위의 사람들은 누구나 자신의 일을 척척 해내고 싶어 한다. 그러므로 바쁘게 뛰고 있는 사람, 전화응대에서도 쾌활하게 말하는 사람, 각각 자기 일에 자신과 열의를 가진 모습을 볼 수 있다. 그것에 비해 자기는 어떤가? 주위의 환경이 낯설고 직장사람들의 대화를 알아들을 수 없고 자기가 이제 해야 할 일에 자신이 없다. 내용도 이해하지 못하고 기계적으로 처리하는 상태이다. 이러한 인간의 기본자세는? (　　　)

② 조직 속에서 동기나 동년배와 출세경쟁에서 패배하고 의기소침한 사람, 언제나 말단에서 원하지 않는 허드렛일만 담당해서 싫증을 느끼고 있는 사람, 사물을 언제나 부정적·소극적으로 해석하고 타인을 신뢰한다든지 협조할 수 없는 타입의 사람이 있다. 이와 같은 사람들의 자세는 항상 부정적이며 자신이 없고, 열등감을 가지고 스스로 불행하다고 느끼고 있다. 기본적으로 자기도 타인도 모두 믿을 수 없고 될 대로 되라는 인간의 기본자세는? (　　　)

③ 승진해서 처음으로 부하를 가진 관리·감독자, 동료 중에서 한 발 앞서 승진한 관리자, 책임권한을 가진 담당자, 관련기업에 자금 원조를 하고 있는 일부 은행 간부 중에서 볼 수 있는 잠재적인 의식의 하나로 자기는(혹은 자기의 입장은) 강하고 우월하며 정당하다고 생각하고, 상대의 입장을 낮춰 보면서 힘없고 약하며 믿을 수 없다는 부정적인 견해를 취하는 것이다. 이와 같이 자기의 입장을 긍정하고 상대측을 부정적으로 보는 마음의 자세는? (　　　)

④ 산다는 것, 일한다는 것에 항상 기쁨을 느끼고 있다. 조직인으로서 능력을 연마하고 일을 통해서 자기를 성장시키는 것에 보람을 느끼는 타입이다. 자기를 부정하지 않고 항상 전진을 도모하는 것에서 즐거움을 익히며, 자기의 입장과 역할을 귀중한 것으로 여기고, 그것을 타인으로부터도 가치 있고 신뢰받을 것으로 믿고 있다. 기본적으로 인간에 대한 이해와 애정을 유지하며 인생을 긍정적·적극적으로 살려는 인간의 기본자세는? (　　　)

★ 이해도 확인

① 나는 현장에서 경험으로 기술을 익혔다네. 내가 하라는 대로만 하면 될 것일세. 자네는 대학을 나왔다고 하지만 이론만으로는 실무에 큰 도움이 안 되네.

자기( ), 타인( )

② 경험만이 최대의 강점이라고 주장했지만 그것만으로는 안 된다는 것을 알게 되었네. 기술혁신의 시대에는 자네와 같은 이론적 기초가 확실해야지 그렇지 않으면 해 나갈 수가 없을 것이야.

자기( ), 타인( )

③ 나의 오랜 세월을 통해 체득한 기술이나 자네가 대학에서 배운 최신의 이론도 별게 아닐세. 이용할 수 있을 때만 이용당하고 그 결과는 때가 되면 버려지는 소비재에 지나지 않으니 말이야.

자기( ), 타인( )

④ 나는 대학을 못 다녀서 이론적인 것은 모르네. 그러나 손재주가 있지. 자네는 대학에서 공부를 했으니까 기초이론이 잘 되어 있을 결세. 자네와 내가 손잡고 일을 한다면 좋은 성과가 있을 것이라고 확신하고 있네.

자기( ), 타인( )

⑤ 내가 빛을 못보고 있는 것은 내가 태만해서가 아니라 사회제도가 잘못되어서야.

자기( ), 타인( )

⑥ 나의 힘으로 사회제도를 개혁한다고 해 봤자 대수로운 일도 아니겠지. 모두 다 노력해 주지 않으면 언제까지나 같은 모양이지.

자기( ), 타인( )

⑦ 사회제도란 되는 대로 할 수밖에 없지. 개혁해 보아도 별수 없을 걸.

자기( ), 타인( )

⑧ 사회제도는 능력있는 새 지도자에게 맡기고 나는 그의 개혁에 실천자가 되어야지. 그래야 내 자신도 승자의 생활을 할 수 있을 것이다.

자기( ), 타인( )

⑨ 내가 젊었을 때는 밤늦게까지 돈벌이를 하느라고 일을 했지. 요새 젊은이들은 몸이 좀 아프다고 쉰다니 앞날이 걱정이야.

자기(　　　　　　), 타인(　　　　　　)

⑩ 가난한 사람에게는 건강한 신체가 자본이야. 우리 모두 건강한 것이 정말 다행이야.

자기(　　　　　　), 타인(　　　　　　)

"녹은 쇠에서 생긴 것인데, 점점 그 쇠를 먹는다"
이와 같이 그 마음씨가 그늘지면 그 사람 자신이 녹슬고 만다는 뜻이다.
우리는 같은 배를 타도 같은 방향으로 항해하는 나그네들 아닌가.

—법구경—

3 인생태도의 특징

1) 제1의 태도: I'm Not OK – You're OK(자기부정·타인긍정)

모든 어린이는 성장초기에 이 태도를 취하게 된다. 그리고 어린이는 자기 자신에 대해 실망하고 있다. 왜냐하면 양친이나 양친을 대신하는 사람이나 자기에게 소중한 다른 사람들의 기대에 맞게 살아가기가 곤란하다는 것을 알고 있기 때문이다.

뿐만 아니라 실패를 반복하게 되면 어린이는 다른 사람과의 관계에서 자기는 항상 열등하다는 생각을 가지게 되며, 또 다른 측면에서는 양친이나 어른들은 자유롭고 자기 생각을 그대로 행동할 수 있는 존재로 느끼게 되어 그 결과 '나는 OK가 아니고 타인은 OK'라는 인생태도로 취하게 된다. 그리고 성장해서 사회인이 된 후에도 항상 자기는 부족하고 무가치하며 무력하다는 감정태도를 강화시킨다.

항상 이 태도를 가지고 있는 사람이 '심리게임'을 연출할 때는 희생자의 역할을 연출한다. 특히 우리나라의 50대 이상의 여성 중에는 가정 내에서 평생을 통해 이와 같은 태도로 살아 온 사람이 많다는 것도 알아야 할 것이다.

그들은 젊은 시절에는 남편이나 집안 어른들에게 노인이 되면 자녀들에게 항상 자기는 OK가 아니라는 희생자의 역할을 한다.

2) 제2의 태도: I'm Not OK–You're Not OK(자타부정)

양친에 의한 육아의 기간이 끝날 무렵에는 어린이는 혼자서 걸을 수 있게 되어 안아 주고 업어 주며 만져주는 것이 줄어들면서 엎어지고 떨어지는 위험에 처하게 된다. 그뿐만 아니라 호기심이 많아져 위험한 것에 접근하려고 한다. 이럴 때에는 갑자기 모친으로부터 주의를 받는 경험을 반복하게 된다. 즉 태어나서 지나간 1년과는 전혀 다른 체험을 한다. 그리고 그 정도가 강하면 강할수록, 그 차이가 크면 클수록 자기는 무능하다고 생각하는 것이 계속되며, 자기 주위의 사람들도 위험한 존재라는 것을 알고 있으면서도 자기를 버렸다는 실감을 체험을 통해 남게 되어, 결국에는 '자기도 OK가 아니지만, 타인도 OK가 아니다'라는 가장 나쁜 태도를 체득하게 된다.

이와 같은 태도는 성장해서 사회생활을 하면서도 여러 가지 일에 연속적인 실패를 한다든지, 또는 직업을 바꾸어 보아도 전혀 발전하지 않으며 타인과의 인간관계도 원만하게 지속할 수가 없다. 희망도 없이 그저 살게 된다. 그것은 어둠 속에서 방향도 없이 움직이며 여생을 보내는 인생이 되고 만다종교적 구원이 가장 필요하다.

태어나면서 별다른 스트로크애무나 인정를 받지 못한 채 엄격한 스트레스에 의해 양육된다든지, 양친이 다 같이 계속해서 편향偏向된 스트로크를 주어서 이와 같은 인생태도를 형성하는 경우가 가장 많다. 이 인생태도를 가진 사람이 게임을 하게 되면 항상 희생자의 역할을 하게 된다.

3) 제3의 태도: I'm OK-You're Not OK(자기긍정·타인부정)

인생초기에는 OK라고 느낄 수 있었던 양친으로부터 때로는 매우 지독한 처벌을 받는 일이 생긴다든지, 그와 같은 일을 장기간 계속해서 경험하게 되면 유아기는 의존할 곳이 없어져 자기 스스로를 위안하고 자기를 도와주는 사람은 아무도 없다는 생각을 굳혀 간다. 그래서 마음속에 '자기만이 OK이며, 타인은 모두 OK가 아니다'라는 것을 마음속에 새기게 된다.

이렇게 사는 방법을 체득하면 유아기의 태도는 '나는 OK, 당신은 OK가 아니다'라는 입장을 가지고 스스로의 생명을 지키기 위한 인생태도를 정착시키게 된다. 이 태도를 취하는 사람은 언제나 상대방에게 책임이 있다고 느끼며 그와 같은 언동을 시종일관하고 있다. 뿐만 아니라 자기에게 과오가 있다 해도 그것을 바르게 보려고 하지 않고 상대에게 원인이 있다고 결정하고 타인을 몰아 부친다든지 책임을 전가한다. 이와 같은 사람은 언제나 강한 자기애自己愛로 자기를 치켜세우는 사람을 주위에서 찾고 있지만, 대개 그런 사람들을 희생자로 만들어서 결국에는 자기로부터 떠나게 한다. 이 태도를 지닌 사람은 심리게임을 하게 되면 언제나 박애자 또는 구원자의 역할을 하며 희생자의 역할을 하는 경우가 없다는 것도 특징의 하나이다.

4) 제4의 태도: I'm OK-You're OK(자타긍정)

이것은 자기의 가치와 타의 가치를 모두 인정하는 건설적인 태도이다. 자타긍정의 태도는 자기도 OK이며 타인도 그렇지 않다는 것이 증명될 때까지 OK로 가정한다. 이것은 스스로 감사하는 마음에서의 친근과 신뢰의 감정을 결합한 행복하고도 건전한 인생태도이다.

유유아기乳幼兒期에 양친이나 양육자들로부터 따뜻한 마음으로 기분 좋은 애무스트로크를 받으며 양육되면 언어가 없을 때부터 자기와 타인주로 모친과의 사이에 좋은 감정이 싹트며 OK의 감정은 오랜 기억으로 자기 속에 남는다. 그리고 그 같은 체험이 성장하면서도 자주 반복되면 더욱 강화되어 '나도 OK, 당신도 OK'라는 가장 좋은 인생태도를 형성하게 된다.

그러나 이러한 인생태도는 유아기의 체험의 일부가 작용할 수는 있지만 애무로 만족하고 있는 자연적인 자타긍정과는 다른 것이며, 자연발생적인 감정에 따른 인생태도는 더욱 아니다.

05 대화분석이란?

사회생활은 사람과 사람과의 교류에서 성립한다. 교류는 자극과 반응의 연속이므로 자극의 반응이나 반응의 수신에 따라 교류가 잘되거나 나빠진다. 그렇기 때문에 현재의 교류방법을 과학적으로 분석해 보면서 필요에 따라 그 흐름을 바꾸고 개선해서 신뢰적인 대인관계를 보다 높이는 것이 바람직한 일이다. 이제까지 '구조분석'과 '기능분석'에서 자아상태를 학습하였고, 자기의 어느 자아상태로부터 심적 에너지가 나오는지, 또는 그것들의 편향偏向은 없는지 알 수 있었을 것이다.

다음에는 상대의 어떤 자아상태를 향해서 에너지를 발신하고 있는지를 학습을 통해 이해하도록 한다. 그리고 처음에는 자기가 발신하는 '자극'이 어느 때 상대의 어느 자아상태로 향하고 있는지를 이해하도록 한다.

- 목적이 달성되는 '상호지지교류'
- 목적이 저해되어 대화가 단절되는 '교차교류'
- 말 이외에 다른 의도가 숨겨져 있는 '이면교류'

대화교류는 언어뿐만 아니라 얼굴의 표정과 몸짓 · 자세 · 목소리의 강약 등 비언어적인 것이 포함되며, 이 형태를 학습하게 되면 자기의 대인교류의 문제점을 발견하게 되어 스스로 자극의 발신이나 반응의 수신을 개선하여 좋은 인간관계를 조성하게 된다.

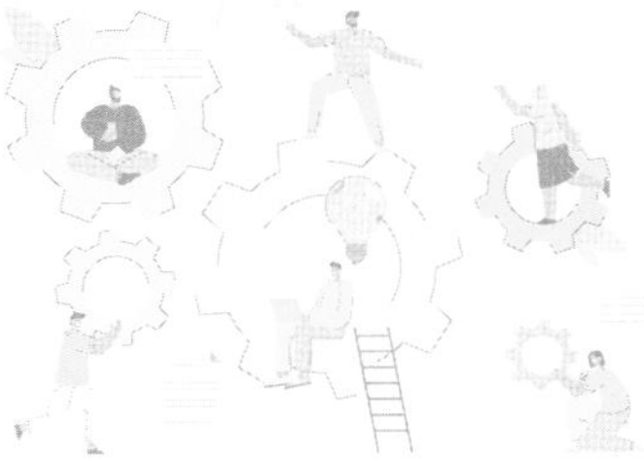

1 자극의 방향과 상대의 반응

1) 발신자의 자아상태 확인

① Ⓟ → Ⓟ에서의 발신

부모 또는 양육자의 언동과 같은 언동으로 비판적 · 통제적 FP 또는 양육적 · 보호적 MP인 것이다.

② Ⓐ → Ⓐ에서의 발신

사실을 근거로 해서 사물을 판단하고 냉정하게 전한다.

③ Ⓒ → Ⓒ에서의 발신

유아기와 같은 행동방식으로 정동적情動的이며 자기가 느낀대로 처신하는 FC와 상대의 기분이나 감정을 상하지 않게 행동하는 AC의 것이 된다.

2) 수신자의 자아상태 확인

① Ⓟ → Ⓟ에서의 발신

상대의 지시를 바란다든가 FP · MP의 원조를 청하려는 말이나 태도이다.

② Ⓐ → Ⓐ에서의 발신

사실이나 정보를 수집하려고 한다든지 또는 상대에게 그것을 전하려는 경우이며, 상대의 지성이나 이성에 대해 작용하려는 말이나 태도로 상대를 성인成人으로 접촉하려는 것이다.

③ Ⓒ → Ⓒ에서의 발신

상대의 감정을 자극한다든지 상대의 감정에 호소하는 등 상대방의 감성感性에 작용할 수 있는 말이나 태도로서 상대를 낮추어 본다든지 약하다고 보는 경우에 대개 Ⓒ로 향한다. MP로 인정이나 친절을 작용할 때는 대개 FC로 향하지만, FP는 상대의 AC로 향하고 있다.

3) 자극의 발신과 수신의 사례

상사와 부하의 대화의 사례를 TA에 의해 도표로 표시하면 [그림 1-16]와 같다.

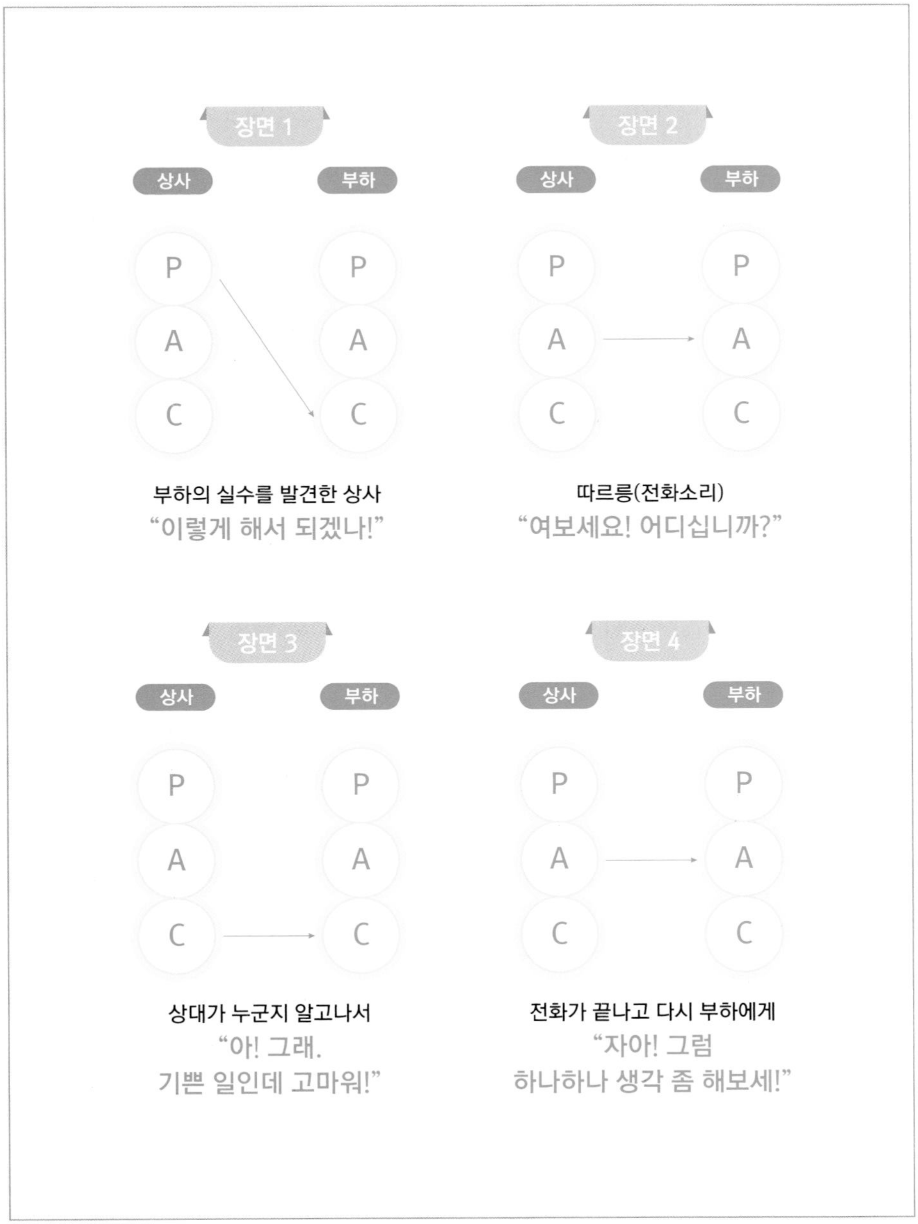

그림 1-16 _ 자극의 발신과 수신의 사례

2 대화의 형태별 분석과 도해법

1) 대화의 3가지 형태

대화분석은 구조분석인 기능분석에 의해 명확해진 자아상태의 이해를 근거로 해서 일상생활 속에서 주고받는 말이나 행동·태도 등을 분석하는 것이다. 그 목적은 대인관계에 있어서 자기가 타인에게 어떤 대처를 하고 있는지 또는 타인은 자기에게 어떤 관련을 가지고 있는지를 학습하는 것이며, 자기 자신의 자아상태의 대처방법에 대한 지각과 상황에 따른 적절한 자아상태로 스스로를 의식적으로 조정·통제할 수 있게 된다.

에릭 번Eric Berne 박사는 "우리들의 신체가 세포로부터 성립된 것과 같이 우리들의 사회생활은 교류로부터 성립되고 있으며, 모든 교류는 이런 것을 상호지지교류·교차교류·이면교류의 세 가지로 분류할 수 있다"라고 말한다.

① 상호지지교류는 두 사람이 여섯의 자아상태 중 두 개의 자아상태가 상호 관여하는 교류로서 발신과 응답의 방향이 병행하고 있으며, 말하기 쉽다는 생각이 있는 한 상호지지의 대화는 계속된다.

② 교차교류는 두 사람이 여섯의 자아상태 중 셋 또는 넷이 관여하는 것으로서 이것은 발신자의 기대한 교류가 저지됨으로써 교류는 단절된다.

③ 이면교류는 표면상의 교류 이외에 비언어적으로 의사意思가 이면으로 전달되는 교류로서 상대가 A 비언어적인 것에 반응하는 것을 '예각이면교류'라고 하며 B 표면상은 사교적으로 응답을 하면서 이면에는 심리적 반응을 하고 있다.

발신자의 하나의 자아상태 예를 들면, Ⓟ는 수신자의 Ⓟ, Ⓐ, Ⓒ 어느 것인가와 교류하며 [그림 1-17], 수신자로부터의 반응도 같다고 할 수 있다. 따라서 계산적으로는 [그림 1-18]에서 보는 바와 같이 9 × 9=81의 교류가 이루어지고 있다고 생각한다.

한 사람, 그 사람 하나의 자아상태는 말투·자세·태도 등을 다소 바꾸는 것으로서 상대의 어느 자아상태와도 교류할 수가 있다. 이때 '말의 내용'은 무엇을what 말하는가이며, 말의 방법은 어떻게how 할까가 되는 것이다.

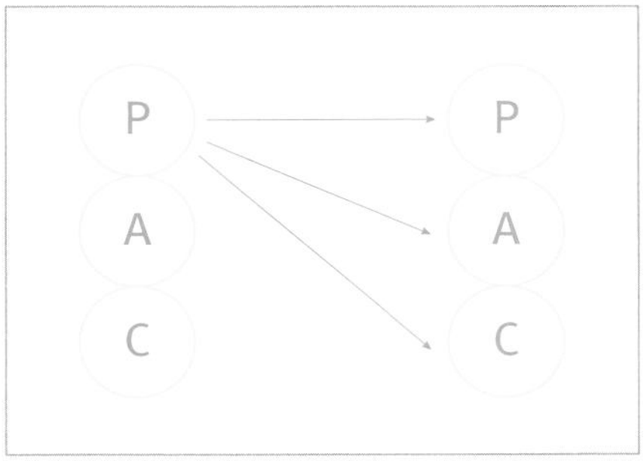

그림 1-17 _ P의 외부의 표현

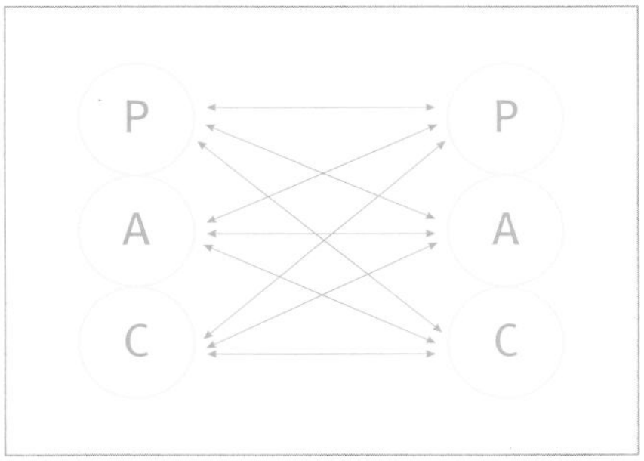

그림 1-18 _ 9 × 9=81의 교류

내용이 어떻든 간에 방법이 부적당하면 인간관계는 악화되어 버리기 때문에 말투 · 자세 · 태도에는 세심한 주의를 해야 한다.

- 남편 ①, ③, ⑤ : 자식은 둘 이상 낳아야 해.
- 아내 ② : 꼭 그렇게 해야지요.
- 아내 ④ : 그렇게 합시다.
- 아내 ⑥ : 여보, 나도 좋은 것이 좋아요!

그림 1-19 _ P에서 발신하는 예

- 남편 ①, ③, ⑤ : 자식은 둘이면 알맞다고 생각하는데, 당신은?
- 아내 ② : 그건 안돼요.
- 아내 ④ : 당신 생각과 같은데요.
- 아내 ⑥ : 글쎄요, 많이 있으면 좋지 않아요?

그림 1-20 _ A에서 발신하는 예

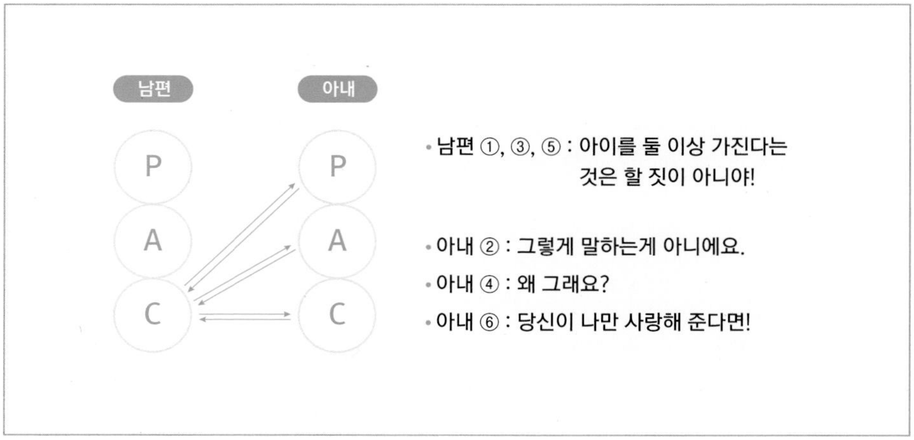

남편
아내
P
A
C
P
A
C
• 남편 ①, ③, ⑤ : 아이를 둘 이상 가진다는 것은 할 짓이 아니야!
• 아내 ② : 그렇게 말하는게 아니에요.
• 아내 ④ : 왜 그래요?
• 아내 ⑥ : 당신이 나만 사랑해 준다면!

그림 1-21 _ C에서 발신하는 예

2) 대화분석의 형태와 도해법

사람의 정신 에너지는 시시각각 스스로 바뀌며, 상대에게 보내는 것도 변하고 있다. 익숙해지면 이와 같은 상관관계의 다이어그램을 보는 순간 발신자의 자아상태를 알게 될뿐만 아니라, 수신자 자아상태의 어느 곳을 향해서 말하고 있는지를 즉시 알게 된다.

이와 같이 모든 대화는 도해화할 수 있다. 이것은 또한 상대의 반응에 대해서도 알 수 있으므로 의식적으로 Ⓐ의 자아상태를 바꿈으로써 보다 원만한 인간관계를 구축하게 된다.

다음은 세 가지의 자아상태 Ⓟ, Ⓐ, Ⓒ의 이론을 근거로 대화의 도해법을 익힌다.

① 상호지지교류

이 교류는 자기가 발신한 교류에 대해서 상대방으로부터 기대했던 반응이 되돌아왔을 때, 또는 상대방이 발신한 교류에 대해서 자기가 상대방의 기대에 맞는 반응을 보낼 때 성립되는 교류의 형태이다.

벡터vector의 방향이 병행竝行하는 대화를 상호지지교류라고 하며, 목적을 달성할때까지 계속할 수 있다. [그림 1-23], [그림 1-24], [그림 1-25]는 반대사선의 교류가 있으므로 상호지지교류는 전체교류 81방식 중 9가지가 된다.

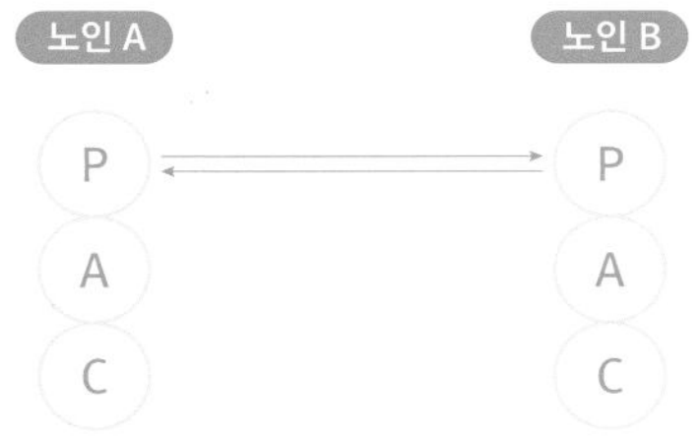

- A: "젊은이는 무절제해서 걱정이오."
- B: "누가 아니래요. 우리들이 젊었을 때와는 많이 달라졌지요."

그림 1-22 _ 대 P의 교류의 예

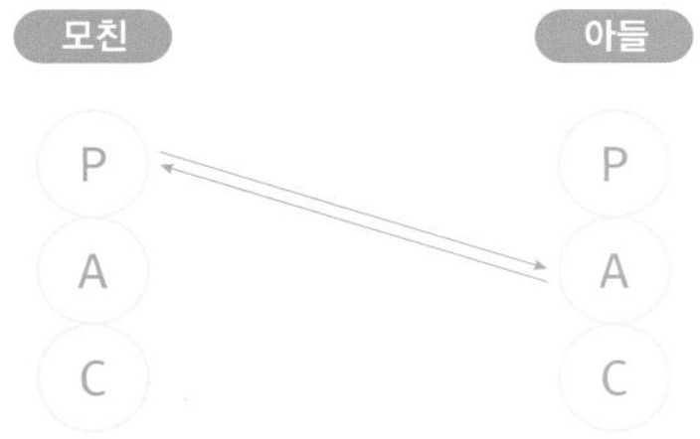

- 모친: "잠시 머리를 쉬는게 어떠냐."
- 아들: "네, 쉬도록 하겠습니다."

그림 1-23 _ MP 대 A의 교류의 예

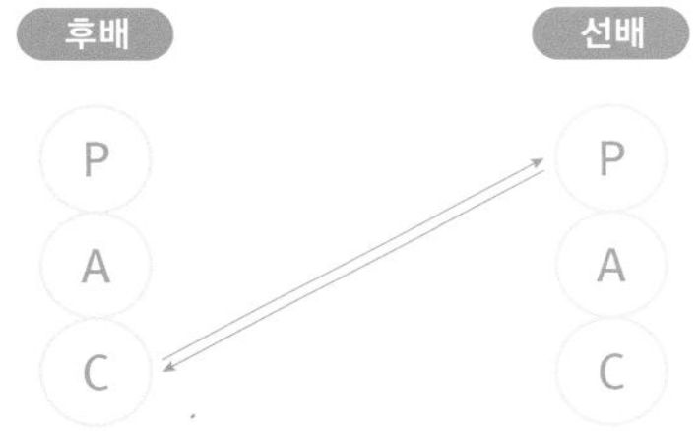

- 후배: "선배님, 저 혼자서는 매우 어렵습니다. 도와 주십시요."
- 선배: "알았네, 내가 좀 도와주지."

그림 1-24 _ C 대 P의 교류의 예

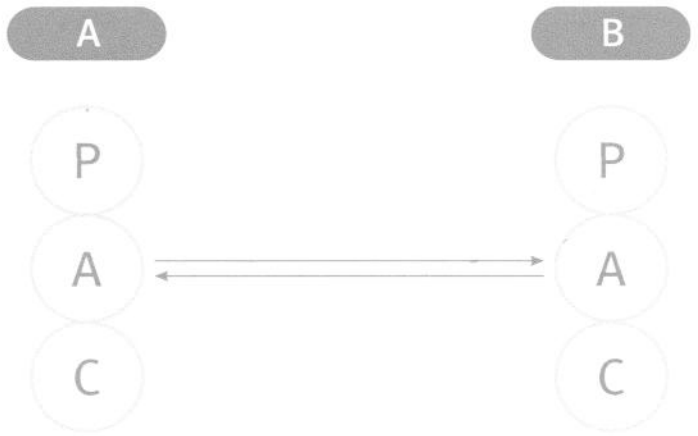

- A: "지금 몇시 몇분 입니까?"
- B: "15시 20분입니다."

그림 1-25 _ A 대 A의 교류의 예

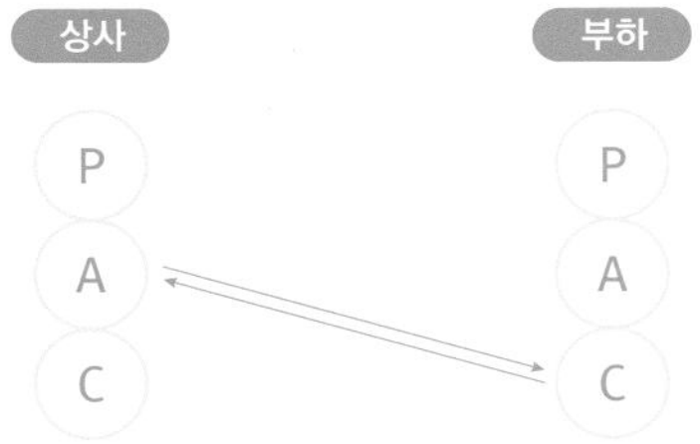

- 상사: "이곳을 이렇게 하는 것이 좋지 않을까?"
- 부하: "죄송합니다. 다시 해보겠습니다."

그림 1-26 _ A 대 AC의 교류의 예

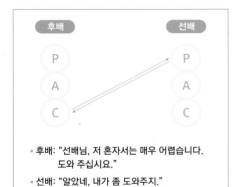

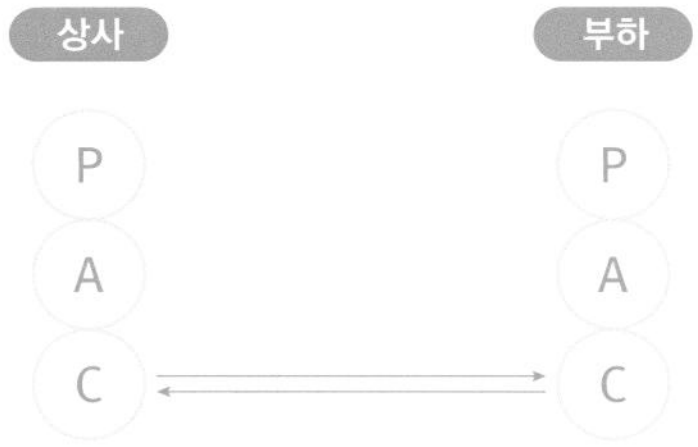

- 상사: "한잔 살게. 같이 가세."
- 부하: "감사합니다."

그림 1-27 _ FC 대 FC의 교류의 예

② 교차교류

이것은 셋 또는 넷의 자아상태가 상호 간에 관여하는 교류이며, 발신한 자아상태 이외의 곳으로 되돌아온다든지 또는 발신자가 향한 자아상태 이외의 곳에서 되돌아오는 것을 교차교류라고 한다. 교차교류는 기대한 것과는 다른 반응을 돌려주는 것으로, 목적은 달성되지 않은 채 단절된다든지 또는 다른 목적으로 바뀌게 되며, 대개의 경우 불쾌감이 생기게 된다.

교차교류는 두 사람이 여섯의 자아상태 중에서 셋이나 넷의 자아상태가 서로 교류되는 경우가 많아서 총수는 9 × 9 = 81 중에서 상호지지교류의 수를 제외한 72형태의 교류가 있다는 계산이 되나 대표적인 것만 예시하며, 다른 교류의 형태는 이 교류의 응용으로 이해할 수 있다.

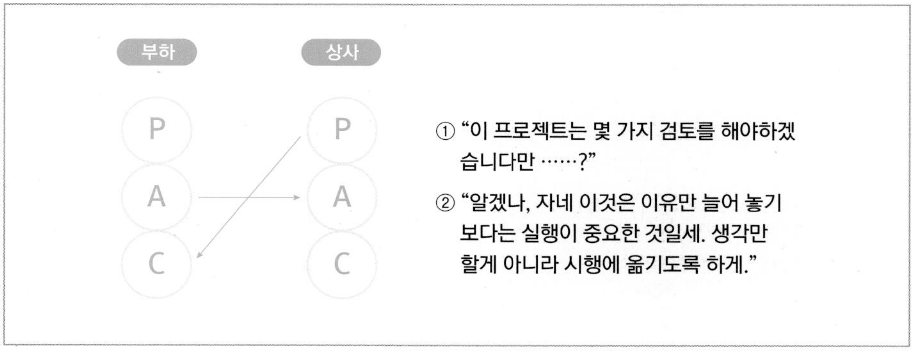

©www.hanol.co.kr

그림 1-28 _ A → A 대 P → C의 교류의 예

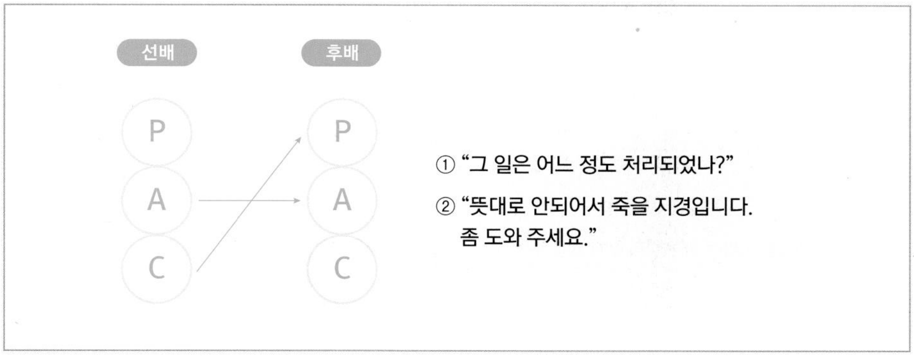

©www.hanol.co.kr

그림 1-29 _ A → A 대 C → P의 교류의 예

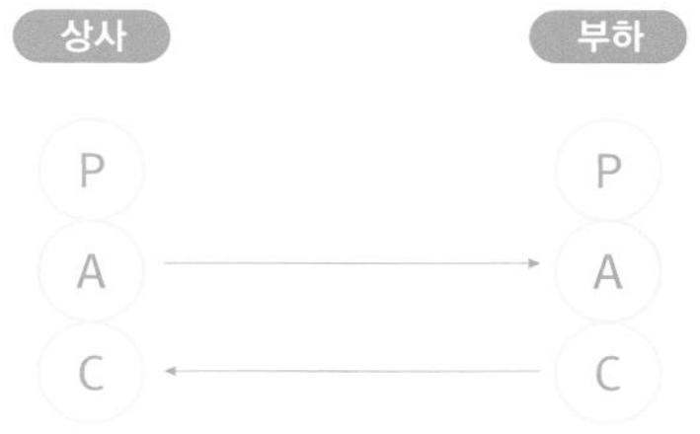

① "몇 시간이나 더 가면 목적지에 도착하게 되나?"

② "한잔 들게. 시간 보내는 데는 술이 최고야."

그림 1-30 _ A→A 대 C→C의 교류의 예

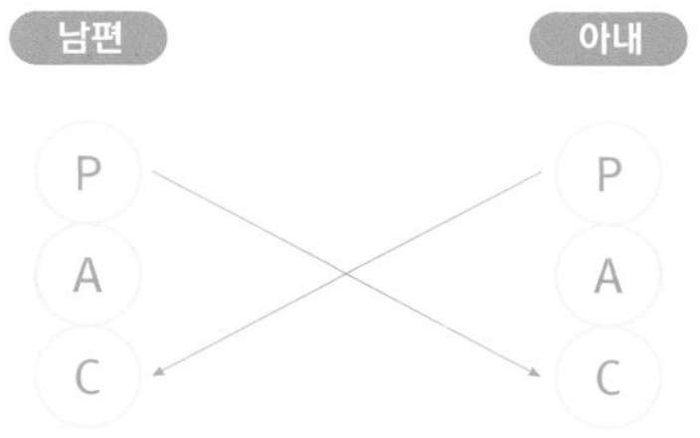

① "나를 어떻게 아는 거야. 정신 좀 차려. 왜 그 모양이야."

② "누가 할 말인데요. 당신이나 정신 좀 차려요. 쥐꼬리만한 월급으로 매일 술만 마시면서……."

그림 1-31 _ P→C 대 P→C의 교류의 예

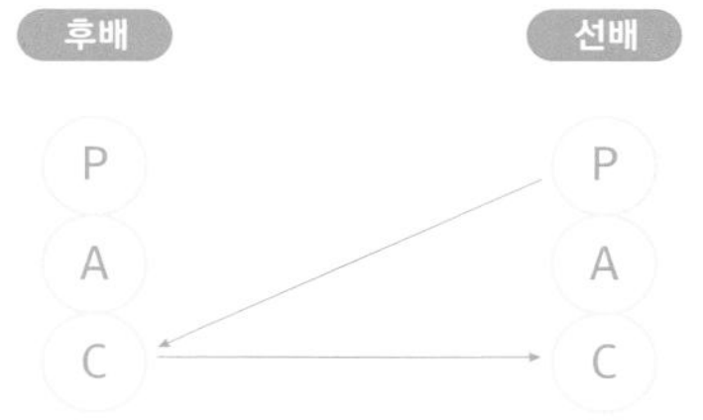

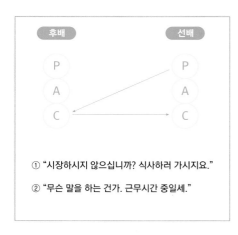

① "시장하시지 않으십니까? 식사하러 가시지요."

② "무슨 말을 하는 건가. 근무시간 중일세."

그림 1-32 _ C→C 대 P→C의 교류의 예

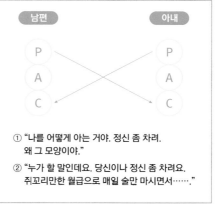

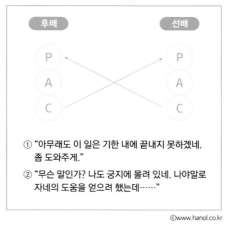

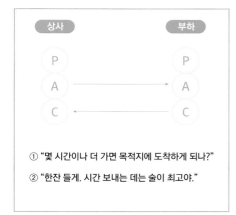

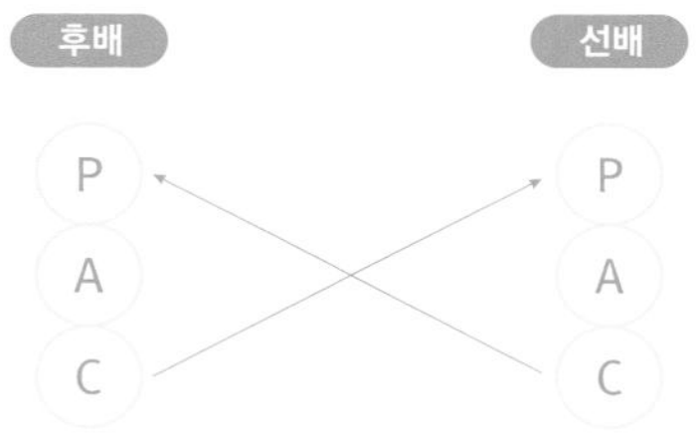

① "아무래도 이 일은 기한 내에 끝내지 못하겠네. 좀 도와주게."

② "무슨 말인가? 나도 궁지에 몰려 있네. 나야말로 자네의 도움을 얻으려 했는데……"

그림 1-33 _ C→P 대 C→P의 교류의 예

3 이면교류(가면교류)

어린이가 자기의 콜라가 든 컵을 나르고 있는 것을 보고, 걱정스러운 모친이 곁에 붙어서 "흘리지 마라, 흘리지 마Ⓟ→Ⓒ …… 아이고 참, 흘렸구나"하는 경우, 이 모친은 "흘리지 마라 ……"를 몇 번이고 말한 것은 마음속에서는 '어차피 너는 흘릴 것이다'라는 반대의 마음Ⓒ→Ⓒ이 작용하고 있는 것이다. 이와 같이 표면상은 그럴 듯한 상호지지교류의 형태를 취하면서 비언어적 의사를 전달하는 것으로는 다음 두 가지 유형이 있다. [그림 1-34]와 같이 세 가지 자아상태가 관여하는 것을 예각이면

교류라고 하며, [그림 1-35]과 같이 네 가지의 자아상태가 관여하는 것을 이중이면 교류라고 한다. 도해할 때는 언어는 사선으로 비언어적인 것은 점선으로 표시한다.

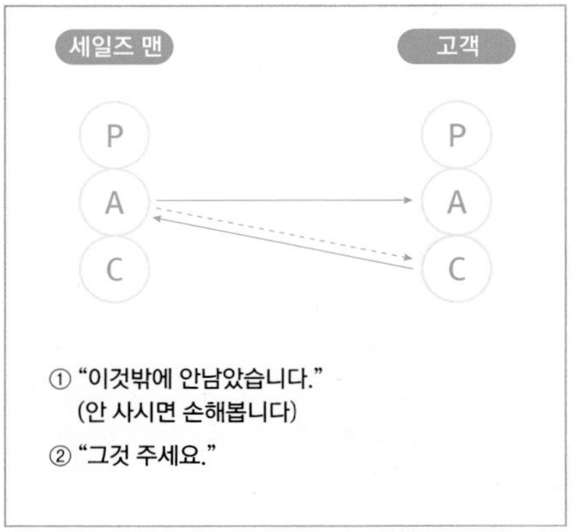

그림 1-34 _ A→A 대 A→C의 교류의 예

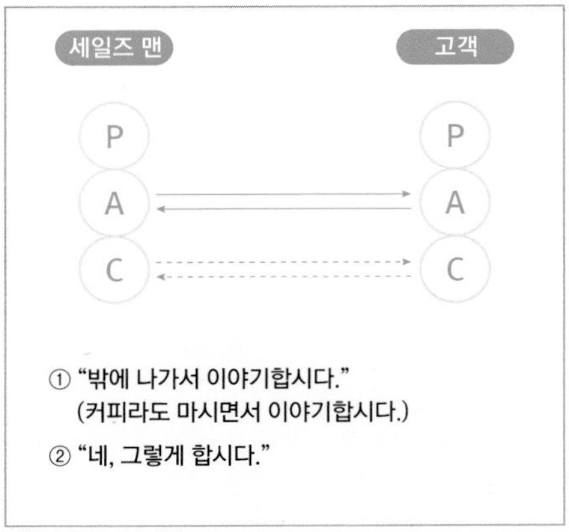

©www.hanol.co.kr

그림 1-35 _ A→A 대 C→C의 교류의 예

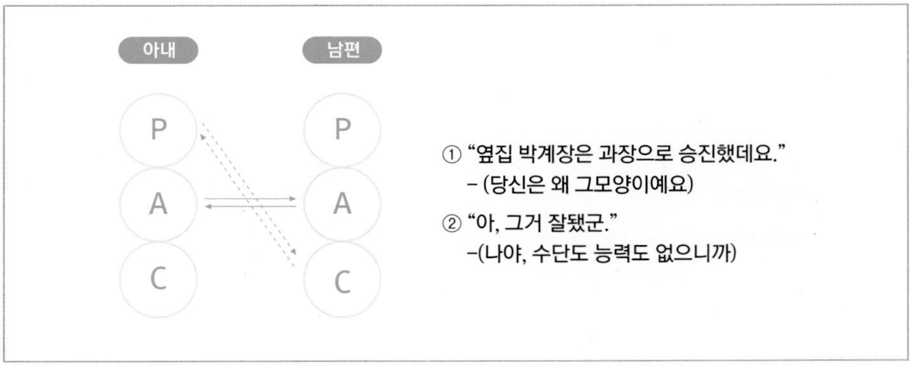

©www.hanol.co.kr

그림 1-36 _ A→A 동시에 P→C의 예

이면교류는 예각이든 또는 이중이든 이면교류에 반응하는 것이 특징이다. 그리고 대개 이면교류의 언어는 Ⓐ의 자아상태 간에 교류하고 있다는 것도 특징의 하나가 된다.

3) 기능분석에 의한 교류의 이해

앞에서 예시한 대화분석의 형태는 구조분석에 의한 것이며, 이것을 더욱 깊이 이해하기 위해 연구된 것이 기능분석을 적용해서 분석하는 방법이다. 구조분석에서는 Ⓟ 대 Ⓒ의 상호지지교류라고 해도 내용에 따라서는 교차교류가 된다. 예를 들면, FP → AC에 대해서 FC → MP로 되돌아온다면 교차교류가 되는 것이다.

그것을 그림으로 나타내 보면 [그림 1-36]과 같이 교차적 교류가 된다는 것을 이해할 수 있다.

이와 같이 FP는 AC에 대응하고 MP는 FC와 연관관계를 가지고 있을 때가 많다는 것을 알 수 있게 된다. 구조분석에서는 상호지지교류로 도해한 것이 기능분석의 도해에서는 교차교류가 되고 있어 대화가 단절되는 이유를 이해할 수 있게 된다. 그리고 Ⓟ와 Ⓒ의 중심선은 가로 또는 세로의 어떤 방법을 사용해도 무방하다.

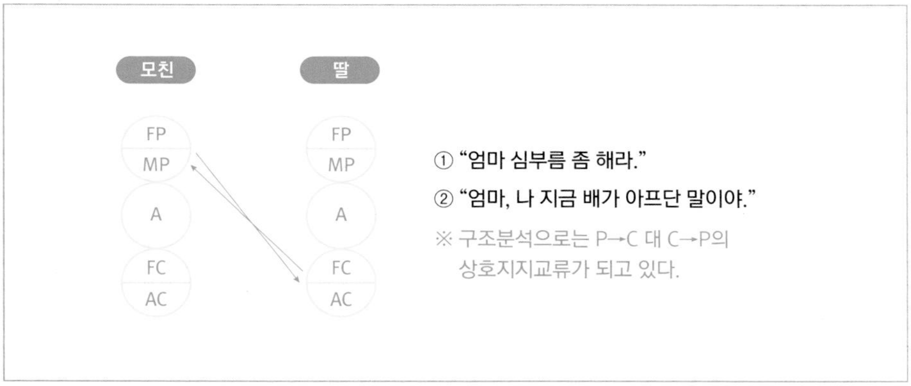

그림 1-37 _ FP → AC 대 FC → MP의 교류의 예

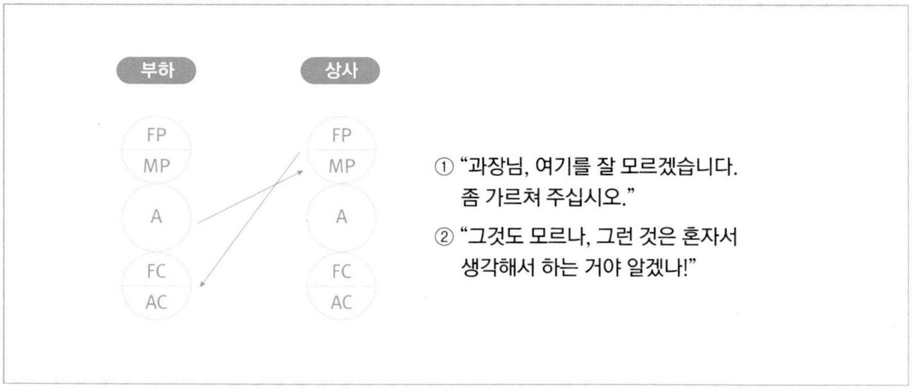

그림 1-38 _ A → MP 대 FP → AC의 교류의 예

4) 교류개선의 방법

❶ 교류는 자극과 반응의 연쇄적인 것이다

"사회생활은 교류에서 성립되고 있다"라고 에릭 번 박사는 말하고 있다. 대인교류라는 것은 자극과 잔응의 연쇄이므로 상호 간에 누군가가 '자극을 주는 방법,' 즉 반응의 방법을 바꾸면 교류의 흐름이 바뀌게 된다.

구조분석이나 기능분석 또는 에고그램에 의해 자기의 성격에 나타나는 태도나 자세 등의 편향을 감지하게 되면 필요에 따라 의식적, 의도적으로 바꾸어 본다.

대인교류에서 상대를 자기에게 맞도록 바꿀 수는 없다. 그리고 특정한 사람이나 TA를 학습한 사람이 아니고서는 대인교류에서 상대에 따라 자신을 바꾼다는 것도 매우 어려운 일이다.

TA를 학습하고 있는 사람은 이 점을 감지하고 내일부터가 아니고 지금 이 순간부터 자극이나 반응의 방법을 조금씩 바꾸어가면 자신도 느끼지 못하는 사이에 변화된 자기모습을 발견하게 될 것이다.

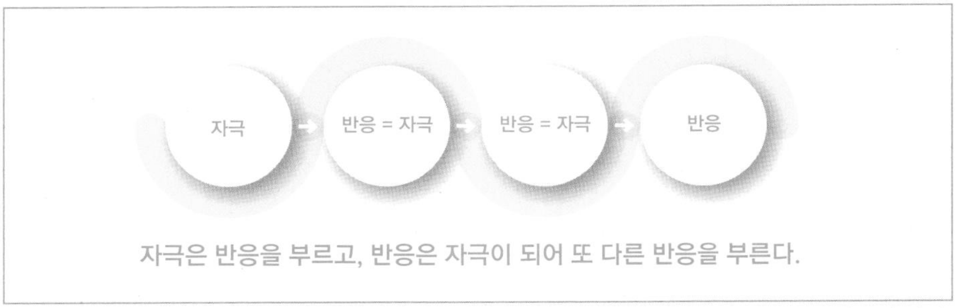
자극
반응 = 자극
반응 = 자극
반응
자극은 반응을 부르고, 반응은 자극이 되어 또 다른 반응을 부른다.

©www.hanol.co.kr

그림 1-39 _ 자극과 반응의 연쇄

❷ FP대 AC, MP대 FC의 관계를 개선하려면

일반적으로 우세하거나 매우 우세한 FP는 대개의 경우 상대의 AC의 자아상태로 몰아 붙인다. 상대는 하고 싶은 말이나 반론을 제기하지 못할 뿐만 아니라, 그런 기회도 주지 않는다. 그래서 생각한 것도 말할 수 없고, 감정도 자유롭게 표현하지 못하며, 억압된 감정에 의해 그 장에 영합한다. FP를 반신하는 사람은 상대로부터 사실이나 실정을 들을 수 없고, 표면상으로만 접촉할 때가 많다.

항상 FP를 사용하는 사람은 "녀석들, 무슨 생각을 하고 있는지 알 수가 없단 말이야"하고 중얼거린다. 이것은 독재형의 지도자에게서 많이 듣는 말이다. 흔히들 '바꾼다'라는 말을 하지만, 오랜 세월을 지켜 온 자기의 성격이어서 서둘러서 또는 무리하게 바꿀 필요는 없다. 우선 처음에 내용은 같다고 해도 '말투'를 조금만 가볍게 해 본다.

두 번째는 말 끝에 "……너당신 또는 그대는는 어떻게 생각하지?"Ⓐ를 사용해 보는 것으로도 매우 큰 효과가 있다.

이것은 상대의 Ⓐ의 자아상태에 보내는 것으로, 상대는 인격적으로 교류되고 있다는 느낌을 가지게 된다. 그러나 형식적인거나 '대답을 잘못하면 위험하다……'라는 느낌을 주는 자세나 태도가 있다면 FP의 냄새가 남아 있어서 상대는 경계심을 더욱 강화할 뿐 전혀 변하지 않는다. 그래서 대인교류에서 가장 소중한 것은 진실함이다.

자극이 Ⓐ에서 발신되면 대개의 경우의 상대의 Ⓐ에서 반응이 되돌아온다. 그것은 Ⓐ 대 Ⓐ의 대화가 되는 것이다. 반복되는 것이지만 '반응'은 '자극'의 결과이다. 만일 상대가 바뀌지 않았다면 그것은 자기가 바뀌지 않았다는 것이다.

한번 성공하면 그 다음에는 문제가 없다. 상대가 바뀌었다는 것은 자기가 바뀐 것이다. 이것을 체험하게 되면 그 순간을 경계로 '인간관계'가 눈에 띄게 달라지고, 신뢰관계가 생기며, 그것이 정착되면 무의식적으로 한 가지 형태의 행동에서 새로운 세계를 밟게 된다.

©www.hanol.co.kr

그림 1-40 _ TA에 의한 교류개선방법

다음에는 MP의 행동의 결과를 인지해야 한다. MP가 우세한 사람은 잠시도 앉아 있지 못한다. 가정에서 그 예를 찾아보면, '벌써 8시다! 일어나지 않으면 지각한다!'의 아침이 시작되고, '얘, 벌써 9시다! 그만 자거라……'로 끝나는 하루의 일과 그 사이에 '이것도 해 주고 저것도 해 주는 무엇이든 해 주는' 그와 같은 타입으로 한 가지 형태가 습관화되면, 365일 이것이 취미와 같은 것으로 보기에는 '당신또는 너을 위한 것으로 생각한 것인데……' 같지만, 사실은 이것이 문제가 된다. MP는 일반적으로는 FC와 대응하므로 상대는 편하지만, 결과로는 '응석의 구조'가 만들어져 늦잠을 자서 학교나 회사를 지각이라도 한다면 '왜 깨우지 않았어!'라고 FP에 의해 모친또는 아내은 위축되어 AC에서 '한번 깨웠었는데 ……'가 되고, '왜 내가 일어날 때까지 깨우지 않았어요'라고 FP는 계속 다그치게 된다.

'일어난다'는 것은 자기 책임인데, 그것을 전가해서 '깨워 주는 것'이 당연한 것으로 생각하게 된 것은 모친의 MP가 지나치게 우세과보호한 데서 생기는 부산물이다. '이 애는 정말……,' '아빠는 정말……,' '자기 자신은 혼자서 아무것도 못하잖아. ……'라고 탄식을 해도 소용이 없다.

'무엇이든 해 주는' 식의 지나치게 우세한 MP의 행동은 상대의 '주체성'이나 '자율성'을 저해하고 인간에게 있어서 가장 소중한 능력을 체득할 수 없게 된다.

우세한 MP는 결과로서 당신들은 '내가 없으면 아무 것도 할 수 없지'가 된다. 그리고 가정에서 자기의 존재의 중요함을 모두 인식시키는 데 목적을 달성하게 된다.

'무엇이든 해 줄게. 너는 내가 아니면 아무 것도 할 수 없으니까'라는 것이 '박해자'의 역할이면, 이와 같이 과도한 MP는 과보호 · 과간섭으로 '구원자'의 역할도 한다. 이때 상대는 AC가 되어 희생자의 역할에도 순응하게 된다.

개선방법으로는 필요 이상의 MP적 행동을 감소하는 것이 제일 중요하다. 처음에는 어려움이 있겠지만, 연구를 해 보면 잘 될 것이다. 다음에는 의존적인 태도에는 교차교류를 해서 '의존'이라는 악습을 없애도록 원조해 준다.

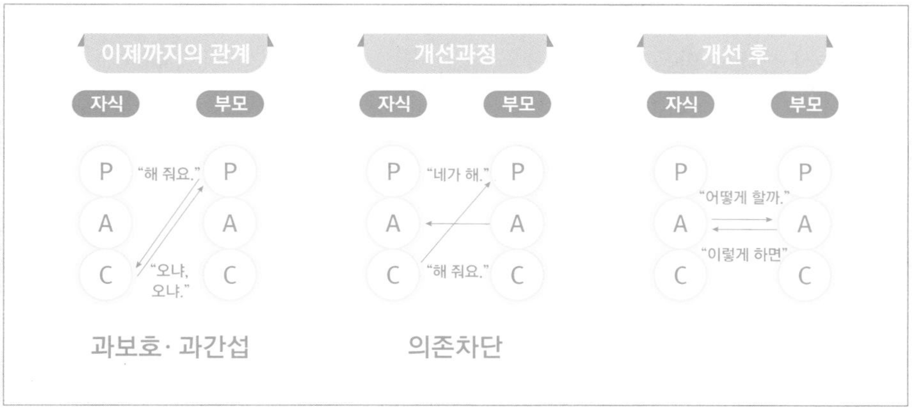

그림 1-41 _ 자립까지의 교류개선과정

5) 대화분석의 활용

❶ 직장에서의 대화분석의 활용

상호지지교류

① 직장에서의 대화는 상호지지에서 시작해서 상호지지로 끝나게 된다.

- 인사 · 예절 · 에티켓 · 매너는 직장에서 최저조건이다. 그리고 업무를 진행하는 데 윤활유이기도 하다. 대화를 진행하다 보면 교차교류가 될 때도 있겠지만, 최후에는 상호지지교류로 끝내도록 노력해야 한다.

② 상대가 말하려는 것, 말하는 것을 잘 경청해야 한다.

- 상호지지교류를 성립하려면 대화의 방을 맞추어야 한다. 그러기 위해서는 상대의 말을 경청하고 상대가 원하는 내용을 잘 이해하지 않으면 상대가 기대하는 말을 되돌려 줄 수 없다. 그리고 상대의 말과 자기의 의견을 교환하고 검토함으로써 대화의 생산성은 향상된다. 직장에서 관리자 간의 대화 속에 협의하는 대화가 아니고 내뱉는 말이나 내던지는 말과 같은 언어폭력이 있어서 좋은 대화, 좋은 커뮤니케이션이 안 되고 있다.

③ 상대의 말을 솔직하게 수용하고 솔직하게 되돌려 준다.

- 상대의 말이나 태도를 곡해한다든지 또는 과소평가한다든지 경시하면 방향

이 맞지 않는 교류가 된다.

④ 우선 상대의 말을 긍정한다OK-OK의 감정에서.

- 내용에 관계없이 "아……네," "그랬군요," "정말……" 등 긍정적인 언어는 상대의 입장과 인격을 존중하는 것으로 상호지지교류가 계속된다.

⑤ 상대의 말을 반복해 본다.

- "좋은 날씨입니다"Ⓐ ↔ "네, 참 좋은 날씨입니다"Ⓐ, "어제 종로에서 박선생을 만났어요"Ⓐ ↔ "박선생을 만나셨어요"Ⓐ 같은 말을 반복한다는 것은 상대의 감정을 그대로 수용하는 표현으로 상호지지의 관계를 증명하는 것이 된다.

⑥ Ⓟ와 Ⓒ에서의 상호지지교류는 서두르지 말고 음미해 본다.

- 대화가 상호지지교류라고 해도 자아상태가 Ⓟ나 Ⓒ에서 발신할 때는 반응을 서두르지 말고 음미해 본다. 생산성있는 대화는 대부분 Ⓐ 대 Ⓐ인 것이 일반적이다. 냉정하고 객관적인 사실에 근거를 두고 정확한 판단과 의사결정을 할 때는 Ⓐ의 자아상태가 기본이 되어야 하며, Ⓟ나 Ⓒ가 개입하면 대화의 생산성이라는 면이 저해될 위험이 있다. 관리층은 지나치게 Ⓟ의 발언에 편향되고 있는 것은 아닌지 또는 젊은 사원층은 자기의 Ⓒ에서 상대의 Ⓟ로 호소하고 있는 것은 아닌지 항상 유념해야 한다.

교차교류의 활용

① 원칙적으로 교차교류는 하지 않는다.

- 대화의 흐름을 멈추게 하고, 커뮤니케이션의 활성화를 저해하며, 대인관계에도 영향을 주게 되므로 원칙적으로 피하는 것이 좋다.

② 평상시에 교차교류를 어떻게 하고 있는지 반성해 본다.

- 자기 말의 경향을 알려면 대화를 할 때 자기의 말에서 상대의 표정 · 태도와 분위기 · 의견 등을 냉정하게 관찰해 본다.

③ 다음과 같은 경우는 교차교류를 해야 한다.

ⓐ 생산성 없는 상호지지교류가 계속될 때, 짜증스러운 회의 분위기가 계속될 때는 "그 문제보다 더 시급한 이 문제를 토의합시다"라는 발언도 필요하게 된다. 발언하는 사람이 반복되거나 장황하게 말의 장난을 할 때 "미안합니

다. 요점만 설명해 주십시오"라고 할 수도 있다.

ⓑ 상대의 입장이나 최종결과를 생각해서 필요하다고 생각할 때, 예를 들면 언제나 의존적인 발언과 원조를 바라는 부하에게 자주성이나 자발성을 갖도록 하기 위해 Ⓒ에서 Ⓟ로 교류하던 것을 Ⓐ 대 Ⓐ로 교차교류하도록 한다.

이면교류의 활용

① 직장에서도 의식적 또는 무의식적으로 교류되고 있다. 우선 교류되고 있는 이면교류를 유형별로 알아본다.

② 대화를 원만하게 계속하려면 말보다는 이면에 숨겨진 의도를 알아야 한다.

③ 커뮤니케이션 능력을 향상하려면 이면교류는 단절되어야 한다.

④ 부정적인 교류가 많아져서 대인관계를 악화시킬 경우가 많다는 것을 알아야 한다.

2 커뮤니케이션의 활용

① 대화는 서로 긍정적 스트로크의 교환을 하면서 교류할 때 가장 좋은 커뮤니케이션이 되며, 활발하게 전개된다.

② 커뮤니케이션은 기본적으로 Ⓐ의 자아상태와 긍정적인 Ⓒ로 성격 · 경력 사상도 다른 사람들의 대화는 냉정하고 객관적으로 하고, 그러면서도 선의와 우호적인 말로 교류해야 한다. 말이나 감정을 이해하고 공감하는 것은 Ⓐ의 자아상태와 Ⓒ의 자아상태가 하고 있으며, 비판하고 협조를 거부하는 것은 FP와 FC의 부정적인 자아가 작용하는 데 그 원인이 있다.

③ 매니지먼트 행동에서 자아상태를 유추해서 보다 좋은 행동을 생각해 본다. Ⓟ, Ⓐ, Ⓒ의 세 가지 자아상태에서 발신되는 말이나 태도는 기업이나 직장에 있어서의 조직활동 또는 매니지먼트 행동으로서의 의미를 가지고 있다. 따라서 그와 같은 행동이 어느 자아상태에서 발신되는 것인지를 사전에 염두에 둔다면 그 때마다 가장 좋은 행동을 선택할 수 있으므로 편리할 것이다. 아래의 분류는 그와 같은 의미에서 정리한 것이다. 그러나 그 장소나 그 사람의 상황에 따라 다르다는 것을 염두에 두어야 한다.

ⓐ 부정적 Ⓟ에서의 매니지먼트 행동의 예Not OK중심: 비판적 언동, 강압적인 지시 · 명령, 금지 · 억압적 언동 등

ⓑ Ⓐ에서의 매니지먼트 행동의 예OK의 Ⓐ중심: 적극적인 제안 · 상신, 타부문과의 조정 · 연락, 부하의 지도 · 원조 · 회의, 간담회, 토론 · 협의 · 정보교환

ⓒ Ⓒ에서의 매니지먼트 행동의 예Not OK의 Ⓒ중심: 불평불만, 잡담 · 사담, 감정적인 발언, 침묵 · 비협력

④ Ⓐ의 기능을 활발하게 해서 Ⓟ와 Ⓒ의 균형을 취한다. 이것은 TA목적의 하나이지만, 대화의 장면에서도 적용되고 있다.

6) 대화분석 종합(1)

Study Check

★ 아래의 대화를 우측 회답란에 선을 그어서 도해하십시오.

주: S = Sender(발신자)
R = Receiver(수신자)

1. S: "오늘은 수요일입니까?"
R: "아니요, 목요일입니다."

2. S: "이런 일도 제대로 못하나. 야단났군!"
R: "죄송합니다. 아직 서툴러서요"

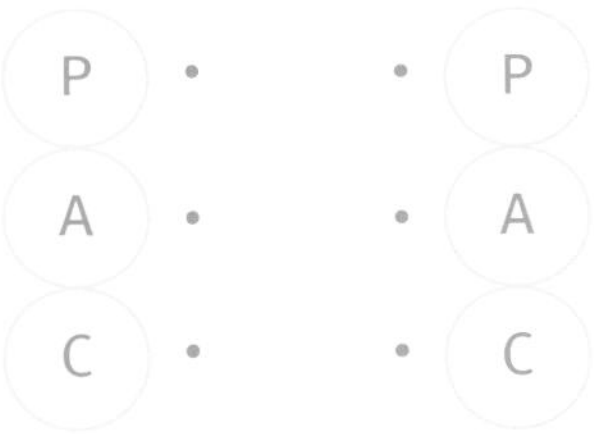

3. S: "오늘은 무슨 요일이지요?"
R: "그런 것 정도는 자네가 직접 알아보게"

4. S: "이 일을 퇴근시간까지 마쳐 주게!"
R: "아휴, 야단났습니다. 저 혼자서는 어려운데요."

5. S: “이 물건은 좀 비싸다고 생각지 않소!”
R: “비싼게 아닙니다”

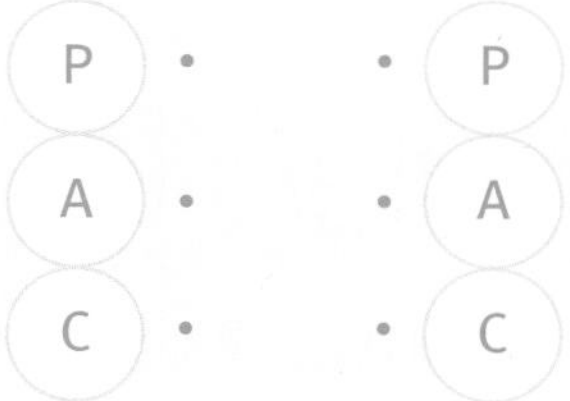

6. S: “이것 좀 싸게 할 수 없어요?”
R: “얼마면 사시겠어요.”

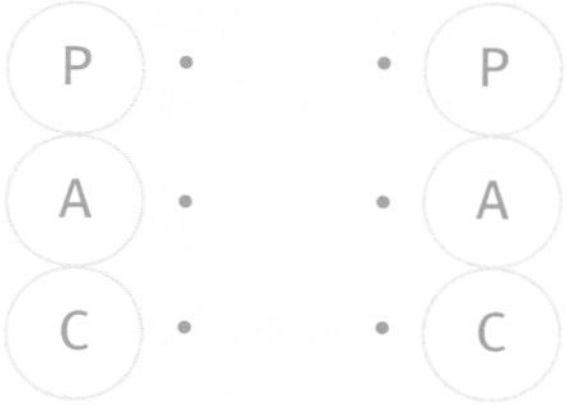

7. S: “이 물건 수명은 어느 정도나 됩니까?”
R: “네, 평균 5년은 확실합니다.”

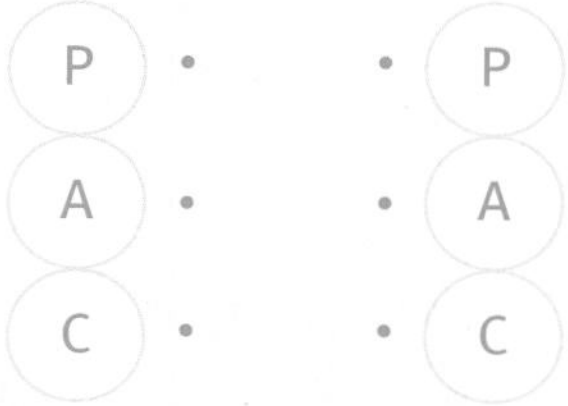

8. S: “여보, 이 옷 어때요!”
R: “응, 당신에게 참 잘 어울리는데”

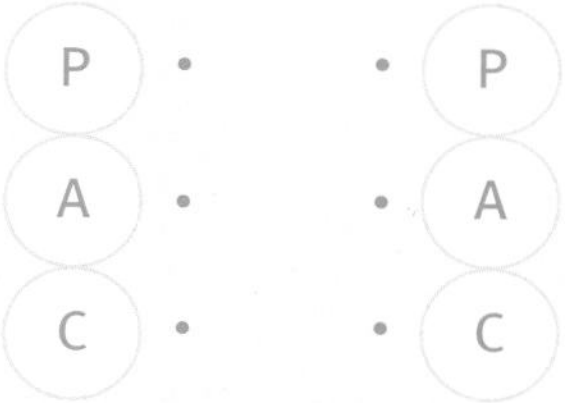

9. S: “이봐, 언제까지 기다려야 하는 거야!” (화난표정).
R: “죄송합니다”(위축된 표정).

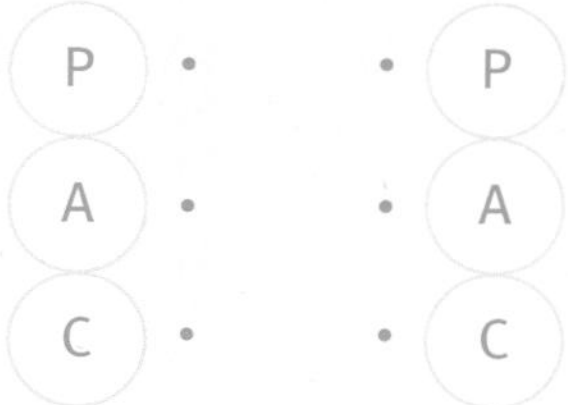

10. S: “야, 한 잔 하세!”
R: “오늘은 바로 집에 가세.”

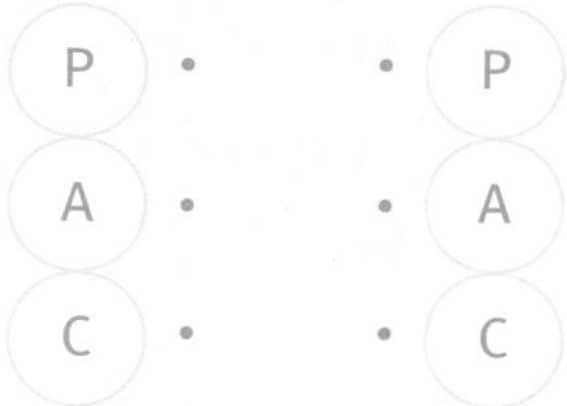

7) 대화분석 종합(2)

Study Check

1. 부장: "K는 아무래도 나사가 빠진 것 같아. 저래가지고 서는 안되겠는 걸"
   과장: "예, 그렇습니다. 저도 좀 더 영리한 사람인줄 알았는데, 형편 없습니다.……"

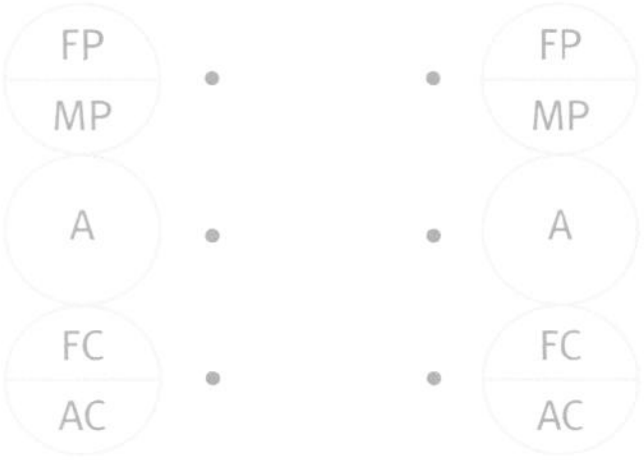

2. 과장: "자네, 이런 보고서로는 안돼요. 더 요점을 알기쉽도록 다시 작성해 가지고 오세요."
   부하: "예, 죄송합니다. 다시 한 번 작성해 가지고 오겠습니다."

3. 부하: "저 손님은 전혀 먹혀 들어가지 않습니다. 이젠 손들었습니다. 과장님 부탁드립니다. 어떻게 좀 도와주세요."
   과장: "그래요, 좋아요, 이번만은 내가 맡기로 하지."

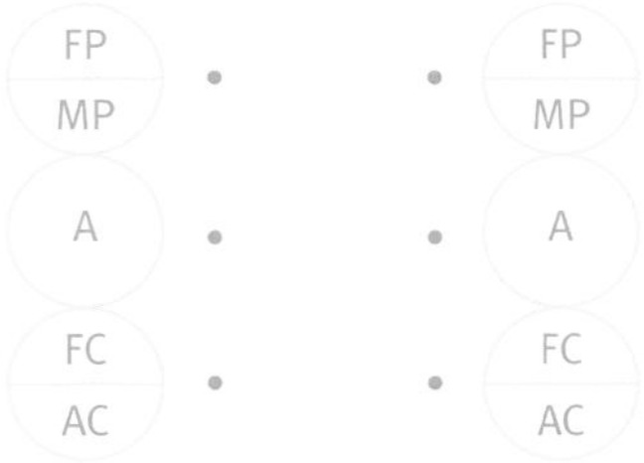

4. 부하: "과장님! 오늘 밤 한 잔 합시다."
   과장: "나에게는 그럴 시간이 없어요. 도대체 자네들은 노는 것 밖에는 재주가 없단 말이야."

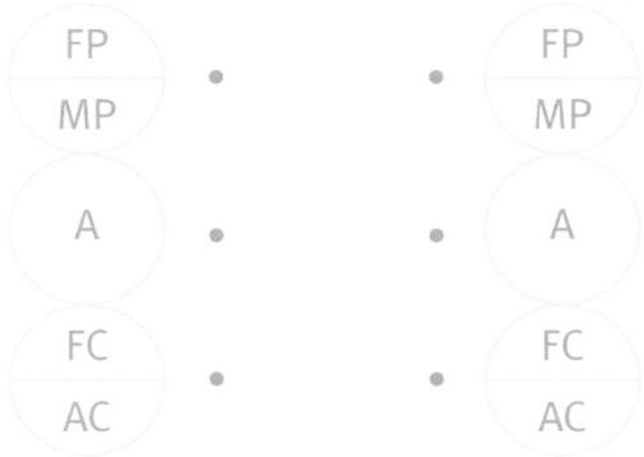

5. 부하: "과장님! 이제는 이 일에서 손들었습니다. 그만 이 프로젝트에서 해방시켜 주세요."

과장: "그래, 그러나 어디까지 했지요, 먼저 말해 보세요. 어디가 가장 곤란했지요."

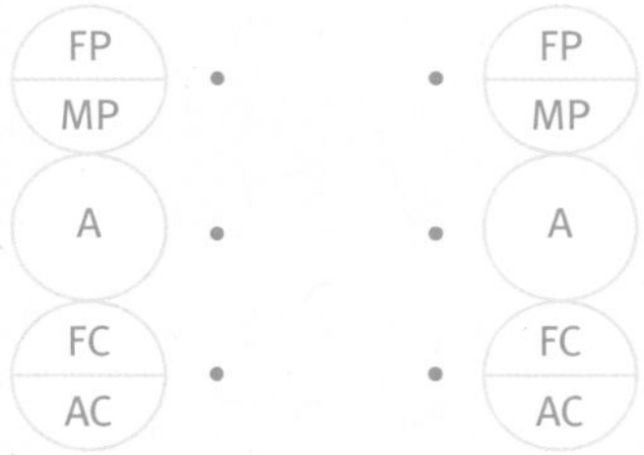

6. 선생: "그 긴 머리는 단정하게 자르세요. 그런 단정치 못한 모양은 그만 두어요."

학생: "그러나 선생님, 인간의 가치는 참으로 머리털형으로 결정된다고 여기십니까?"

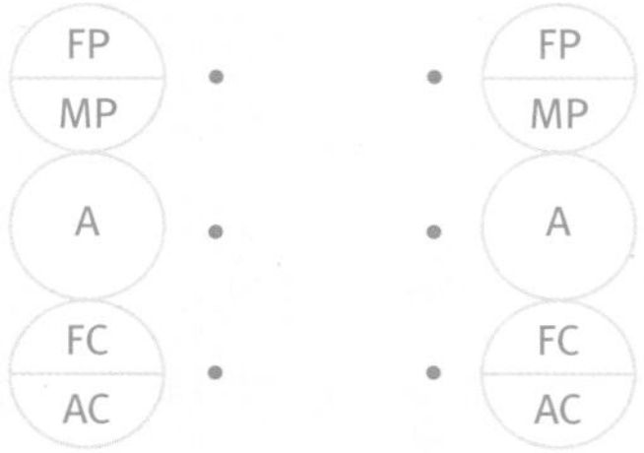

7. 점원: "이것은 이 상점의 최고급품의 하나입니다만, 예산이 다소 무리하실지 모릅니다. 이웃아주머니는 예약을 하셨습니다만……"

이면: "이 보석이 욕심나지 않습니까, 이웃아주머니는 사셨는데, 당신은 못 사시겠지요?" "속상하지 않으십니까?"

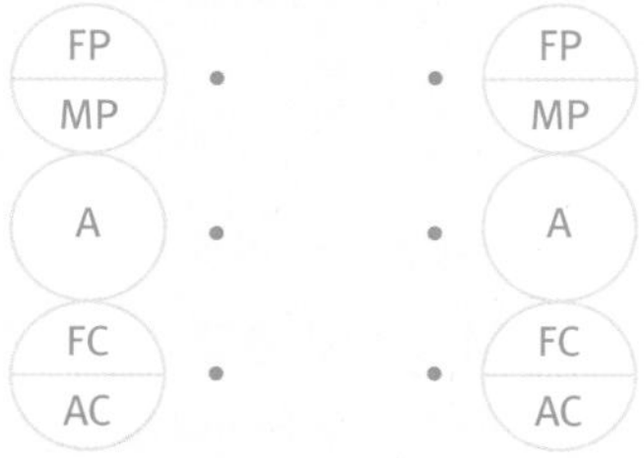

8. 환자: "원장님, 저는 나을까요?"

의사: "걱정마세요, 틀림없이 처음과 같이 회복하실 것입니다(내심: 아쉽지만 이젠 시간문제인 걸).

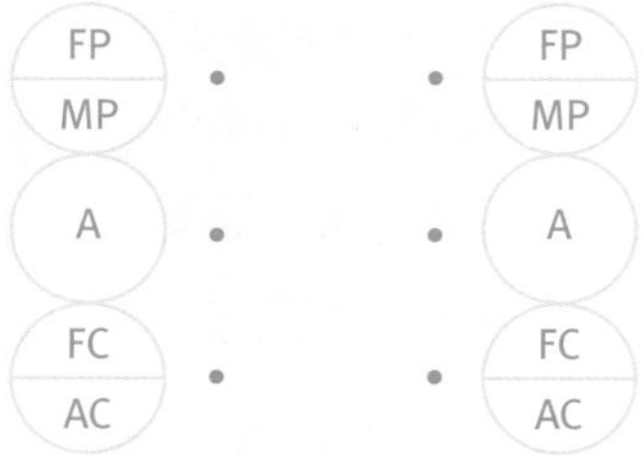

8) 문제가 발생할 것 같은 교류의 수신법

Study Check

★ 당신은 다음과 같은 상대방의 발신에 대해서 어떻게 대처하겠습니까?

1. 상사: "지시한 대로 망설이지 말고 거절의 전화를 넣으세요."
   나: ____________________

2. 상사: "잘했군, 누가 반대하더라도 자네는 우리 회사의 보물이야.
   금후에도 어떤 일이 되었든 내게로 오란 말이야."
   나: ____________________

3. 동료: "아무리 해도 안되는 걸, 싫어졌어요. 오늘은 이제 그만 둬야지."
   나: ____________________

4. 여성: "하여튼 당신은 나 같은 사람은 싫지요?"
   나: ____________________

5. 사원: "이런 일을 당신에게 말한들 결코 알아 줄 리가 없겠지요. 말해 보았자 헛수고야.……"
   나: ____________________

6. 상사: "요즈음의 젊은이들은 예의를 모른단 말이야……"
   나: ____________________

9) Self Control

사람은 누구든지 욕구불만·불안·낙담·의혹·공포 등과 같은 부정적 활동을 하는 감정을 많이 가지고 있다. 이러한 부정적 감정을 가지고 있어도 지장은 없지만, 그러한 감정을 제어하지 못하고 감정이 흐르는 대로 생각하거나 행동하는 것은 인간관계를 저해하는 원인이 된다.

Study Check

★ **상황**

- 고객이 아주 사소한 일로 나에게 고함을 지르거나 불평을 털어 놓고 있다. 그렇지 않아도 전일 업무관계로 짜증스러운 나는 고객의 행동을 보고 더욱 신경질이 나게 되었다.

  ① 나의 기분과 행동은? ______________________________

  ② 예상되는 결과는? ______________________________

★ **셀프 컨트롤**

① 깊고 느리게 심호흡을 한다.

– 마음속으로 1부터 10까지를 헤아려 본다(마음의 여유를 갖는다).

② 기본적인 자기선언문

– "지금의 이 느낌은 어떻게 할 수 없다. 그러나 어떻게 생각하고 행동할 것인가는 내 스스로 선택할 수 있다."

감정을 컨트롤을 위한 여러 가지 방법

- ☑ 깊고리게 심호흡한다.
- ☑ 마음속으로 1에서 10까지 헤아린다.
- ☑ 자기선언문을 마음속으로 되뇌인다.

(자기선언문)

자금의 이 느낌은 어쩔수 없지만 나의 사고와 행동은 스스로 조절할 수 있다.

Study Check

셀프 컨트롤 실습

★ **다음에서 말하는 사례에서 당신의 일반적인 반응과 그 결과는 어떻게 될까요? 만약 부정적 감정이 유발된다면 셀프 컨트롤을 위한 방안을 생각해 봅시다.**

① 당신이 하루종일 열심히 공부를 하고 집으로 돌아왔더니 부모님이 잔소리를 하거나, 불평을 털어 놓거나, 약올리는 말을 했습니다.

② 당신의 집에서 동생들이 싸움을 하거나, 훌쩍훌쩍 울거나, 날뛰고 있습니다. 당신은 그렇지 않아도 신경이 날카로워져 있는데, 애들이 떠들고 있어서 더욱 더 신경질이 나게 되었습니다.

③ 당신이 가끔 만나는 사람 중의 한 사람이 언제나 당신에 대해서는 남 앞에서 비웃는다든지, 놀린다든지 하고 있습니다.

06 스트로크Stroke

1 스트로크란?

사람은 스킨십 등 몸짓이나 눈짓 · 표정 · 감정 · 언어 등 자신의 반응을 상대에게 알리는 인간인식존재인지의 기본단위로서 스트로크를 사용한다.

스트로크라는 말은 단순히 애무라는 뜻뿐만 아니라 신체적 접촉으로부터 윙크 · 말걸기 · 인정하기 등의 정신적 스트로크까지 매우 넓은 의미의 개념으로서 타인의 존재를 인정하기 위한 작용이나 행위를 가리키는 것이다.

"안녕하십니까?" 등의 인사를 서로 교환하는 것도 사회생활에 있어서 하나의 교류이며, 동시에 스트로크의 교환이다. 식당의 종업원이 "어서 오십시오"라고 환영하는 말이나 상사가 부하에게 "이 멍청한 녀석!"하고 꾸중을 하는 것도 하나의 교류이며, 동시에 스트로크이다.

유아기에 있어 부모나 양육자로부터 받는 접촉이나 애무 등의 신체적 스트로크의 욕구는 성장한 뒤에는 칭찬이나 승인 등의 정신적 스트로크의 욕구로 이행하는데, 이들 사이에는 다소 차이는 있으나 모두가 자기의 존재를 인정받기 위한 욕구가 내재해 있다. 따라서 인간은 생존을 위해 먹어야 하듯 스트로크를 위해 먹고 사는 동물이라고 할 수 있다.

바꾸어 말하면 인간은 모두 스트로크를 필요로 하고 있으며, 사람이 산다는 것은 스트로크를 추구하기 위해서라고 할 수 있다. 이렇게 볼 때 '인간은 스트로크 지향적 동물'stroke oriented animal이라고 할 수 있다. 이 같이 인간행동의 동기는 모두 스트로크로써 성립되어 있다. 우리는 일상생활의 대부분은 스트로크를 받거나 때로는 피하거나 하는 일로서 시간이 구조화된다.

이와 같이 사람이 받은 스트로크의 종류와 그 정도에 따라서 그 뒤의 사람됨이 정해지고 만다는 것이다. 즉 인생초기의 부모 자식 간의 접촉을 통하여 형성되는 각자의 생활방식의 차이도 어떤 스트로크가 어느 정도로 주어졌는가에 따라서 좌우

된다는 것이다.

2 스트로크 정리

① 인간은 스트로크를 얻기 위해서 살고 있으며, 다른 인간들과의 스트로크 교환 없이는 살아갈 수 없다.

② 스트로크는 신체적 · 정신적, 조건부 · 무조건부 스트로크로 나누어지며, 또한 각각에 대한 긍정적 · 부정적 스트로크로 나누어진다.

③ 인간은 긍정적 스트로크를 필요로 한다. 긍정적 스트로크를 얻지 못하면 부정적 스트로크라도 얻으려고 한다.

④ 긍정적 스트로크가 되기 위해서는 질 · 양 · 타이밍이 적절해야 한다.

⑤ 타인의 말을 경청하는 것도 긍정적 스트로크이다.

⑥ 스트로크를 상대에게 요구하는 것이 비위를 맞추는 것보다는 좋다. 스트로크를 받지 않으려고 하거나 거부하면 고독에 빠지게 된다.

⑦ 인간은 스트로크 교환의 결과로 좋고 나쁜 감정을 마음속에 축적한다.

⑧ 상사가 스트로크에 인색하면 부하는 셀프 스트로킹으로 골드 스탬프를 축적하고 청산한다.

⑨ 타인과의 스트로크 교환의 결과로 축적된 그레이 스탬프나 스스로 축적한 그레이 스탬프의 청산은 폭발적이다.

3 스트로크의 종류

스트로크	신체적	정신적	조건부	무조건
존재인지	• 접촉에 의한 직접적	• 말에 의한 간접적	• 행위나 태도에 대해서	• 존재나 인격에 대해서
긍정적 (상대가 좋게 느낀다.)	• 머리를 쓰다듬는다. • 손을 잡아준다.	• 칭찬을 듣는다. • 금일봉 · 훈장 • 표창	• "심부름 해줘서 고맙다." • "좋은 일을 했다."	• "자네하고 같이 있는 것이 행운일세."
부정적 (상대가 나쁘게 느낀다)	• 때린다. • 꼬집는다. • 걷어 찬다.	• 꾸중한다. • 흘겨 본다. • 얕잡아 본다.	• "공부 안하면 안 돼." • "또 망쳤구나."	• "이혼합시다." • "회사를 그만 두게."

• 나에게 익숙한 스트로크는?

• 나에게 부족한 스트로크는?

4 스트로크 구분 연습

	긍	부	신	정	무	조
• "엄마는 현주가 있어서 행복해."						
• "안돼! 또 망가뜨려서는……"하며 딱 때린다.						
• "이거……, 정말 고마워!"						
• 이유도 말하지 않고 거절한다.						
• "사랑해요"라고 말하면서 바싹 달라붙는다.						
• "심부름을 해줘서 고마워!"						
• "어서 오십시오."						
• "이제 회사를 그만 둬."						
• 장난을 치다가 갑자기 얻어 맞았다.						
• "안녕?"						
• "귀여운 아이구나!"하며 머리를 쓰다듬는다.						
• "아! 꽃을 주어서 고마워."						
• "이번 일은 잘 되었구나."						
• "나가 주세요."						
• 고향에 계신 어머니를 오랜만에 만나 끌어 안았다.						
• "몇 번 이야기 해야 알아 듣겠어, 빨리 공부해."						
• "죽일테야!"라고 하면서 칼을 들이댄다.						
• "그런 행동을 보니 화가 나는구나."						

5 스트로크 조사표

Study Check

★ 당신이 받은 인상 깊은 스트로크를 구체적으로 작성하십시오.

구분	누구로부터	언제	어느 장소에서	어떤 스트로크를	이에 대해 어떤 기분
+ 스트로크					
- 스트로크					

★ 당신이 준 인상 깊은 스트로크를 구체적으로 작성하십시오.

구분	누구에게	언제	어떤 스트로크를	이에 대한 상대방의 반응	당신의 기분
+ 스트로크					
- 스트로크					

6 스트로크 체크리스트

Study Check

★ **다음 A~E의 설문을 읽고 본인의 행동에 해당하는 것에는 2점, 어느 쪽인지 잘 분간할 수 없으면 1점, 해당되지 않으면 0점을 매겨 주십시오.**

A. 긍정적 스트로크를 주는 정도

- 친구들과 찻집이나 식당에 갈 때 본인이 먼저 권해서 가는 일이 많다. (　　점)
- 귀가 시 가족들의 "지금 오세요"라는 귀가 응대를 받기 전에 본인이 먼저 "나 왔어"라고 말한다. (　　점)
- 곤경에 처한 사람을 지나치게 도와주려고 하기 때문에 가족이나 친구들로부터 "너무 참견하지 말라"는 말을 자주 듣는다. (　　점)
- 어느 곳에서든 타인의 노고에 대해 별 어려움 없이 위로하고 감사를 표시할 수 있다. (　　점)
- 가족생일이나 친구생일, 다른 사람의 기념일 등을 잘 기억해 두었다가 본인이 먼저 축하의 말을 건네는 편이다. (　　점)

B. 부정적 스트로크를 주는 정도

- 회의나 잡담을 하는 자리에서 남의 결점을 지적하는 발언을 많이 하는 편이다. (　　점)
- 학교 후배나 동료에게 칭찬보다는 엄한 충고나 꾸중을 많이 하는 편이다. (　　점)
- 가족들이 내 생각대로 행동하지 않을 때 그 자리에서 지적하는 편이다. (　　점)
- 식당에서 서비스가 나쁘면 그 즉시 불평을 토로하는 편이다. (　　점)
- 새치기를 하거나 금연장소에서 담배피우는 사람에게 즉각 주의를 주는 편이다. (　　점)

C. 긍정적 스트로크를 받는 정도

- 귀가 시 보통 본인이 "나 왔어"하기 전에 누군가 먼저 "지금 오세요"라고 한다. (　　점)
- 학교에서 동료·선배·교수 등으로부터 고맙다거나 위로받는 일이 비교적 많다. (　　점)

- 일의 달성 여부에 상관없이 진행과정의 노력을 인정받아 격려해 주는 동료나 선배가 있다. (　　점)
- 밖에서나 가정에서 자기의 수고에 대해 다른 사람으로부터 위로와 감사의 표시를 자주 받는다. (　　점)
- 매우 곤란한 문제에 직면했을 때 바로 상의할 수 있는 신뢰할만한 사람이 있다. (　　점)

D. 부정적 스트로크를 받는 정도

- 학교나 직장에서 작은 실패나 목표미달에 대해 꾸중을 듣거나 감당하기 어려운 압력을 받은 적이 있다. (　　점)
- 지난 반년 동안 자신의 직접적인 책임이 아닌 일 때문에 집에서 책망받았다고 느낀 적이 있다. (　　점)
- 가족 중에 비교적 신경질적인 사람이 있어 악의는 없지만 당신을 비판하거나 책망하는 일이 있다. (　　점)
- 상사나 선배 중에 보통 이상으로 엄격한 사람이 있어 당신을 힘들게 한다고 느낀 일이 최근에 있었다. (　　점)
- 나의 가족은 다른 가족들에 비해 서로에게 너무 엄격한 편이라고 느끼는 경우가 많다. (　　점)

E. 스트로크를 외부와 교환하지 않는 정도

- 휴일에 하루 종일 혼자 지내도 고통스럽지 않고 마음이 편한데 어쩌다 친구가 찾아오기라도 하면 심적 부담을 느낀다. (　　점)
- 길을 가다가 아는 사람을 만났을 때 인사하기 귀찮아서 길을 돌아 간 적이 있다. (　　점)
- 남과 얘기를 나눌 때 갑자기 다른 생각에 잠겨 버려 상대방이 재차 말을 하고서야 제정신을 차리는 경우가 많다. (　　점)
- 학교나 직장에서 사정이 생겨 식사를 혼자서 하게 되는 경우 해방감을 느낀다. (　　점)
- 회식이나 친목회 등에 불가피한 사정으로 불참하게 되는 경우 오히려 잘 되었다고 생각한 적이 있다. (　　점)

Study Check

★ A~E의 그룹마다 득점을 합계하여 다음 막대 그래프(histogram)에 표시하십시오.

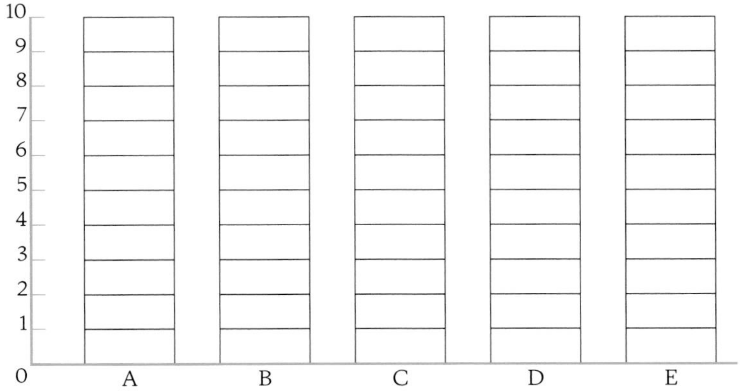

©www.hanol.co.kr

• 자신의 스트로크 경향성에 대해 개선해야 할 점은 무엇인가?

7 바람직한 스트로크 원칙

① 긍정적 스트로크 최대화

부정적 스트로크 최소화

② 긍정적 무조건부 스토로크 중요

인간 상호신뢰감 형성 기초

③ 긍정적 조건부 스트로크는 적절히

구체적, 풍부하게, 타이밍 맞춰

④ 부정적 스트로크는 필요한 최소한도로 적게

특히 무조건부 스트로크 추방

⑤ 부정적 스트로크는 조건부로

행동과 영향을 명확히, 감정은 솔직히 스트로크 교환의 결과로서 좋고 나쁜 감정을 자기마음속에 축적하는 것을 스탬프라고 한다. 여기서 말하는 스탬프란 일정한 매수에 도달하면 정해진 물품과 교환할 수 있는 시스템을 상징화한 표현으로 사용한 것이다.

대화의 그늘에는 스트로크를 교환하면서 그 결과가 좋을 때는 금색 스탬프를, 나쁠 때는 회색 스탬프를 수집하게 된다. 스트로크를 받은 사람은 자기의 마음의 용지에 그 스탬프를 저축하게 된다.

이와 같은 감정 스탬프의 수집은 그것이 어느 정도 축적되면 사소한 감정의 동요를 계기로 갑자기 폭발하게 된다. 이와 같이 돌연 폭발하는 것은 평소 Not OK 감정이 축적된 결과의 청산이라고 생각하면 이해할 수 있을 것이다.

참고 참았다가 더 이상은 못참겠다는 단계에서 청산하는 것은 청산 후에도 마음속을 안정시킬 수가 없다. 따라서 부정적 감정을 축적하지 않고 그때그때 올바르게 청산하는 것이 가장 현명한 방법이다.

8 부정적 스트로크 제거

직장, 학교 그리고 가정에서 사용하는 부정적 스트로크를 스스로 점검하고 확인하여 가급적 긍정적 스트로크를 사용하도록 노력하자!

- 직장 혹은 학교에서의 Best 5

- 가정에서의 Best 5

9 긍정적 스트로크 개발

Study Check

★ 상대의 장점은 적극적으로 칭찬하고 상대의 단점은 긍정적으로 바라보자.

내용 / 상대	장점	스트로크

CHAPTER

02

Communication의 기능 및 목적

01 커뮤니케이션

1 커뮤니케이션이란?

Communication Theory

The application of information theory to human communication in general, where communication is seen as involving an information source which encodes a message to be transmitted through a channel to a receiver, where it is decoded and has an effect.

현대인의 가용시간의 70% 이상을 차지할 정도로 커뮤니케이션 활동은 이제 인간 생활의 대부분을 차지하고 있으며, 중요한 가교bridge의 역할을 하고 있다. 일반적으로 조직을 '두 사람 이상이 모여 공동의 목적을 달성하기 위해 상호작용하는 유기체'라 정의한다. 사회를 떠나 살 수 없는 개인과 개인, 조직과 개인, 그리고 조직과 조직 간의 유기적 상호작용을 통한 만족의 극대화를 위해 커뮤니케이션의 역할은 더욱 중요하다. 이러한 개인 간 · 조직 간 상호작용은 커뮤니케이션이라는 수단을 통해서만 가능하기 때문이다.

커뮤니케이션의 어원은 공동commoness의 것으로 만든다는 라틴어 Communis에서 유래되었으며, 사전적 의미는 통신 · 의사소통 · 서신왕래 등으로 현대의 모든 사람들이 사용하는 복잡한 의미의 커뮤니케이션이 되었다. 커뮤니케이션의 정의는 그 관점에 따라 매우 다양하지만, 대부분의 정의들은 정보의 감정과 정서의 의미를 전달하는 데 있어 상징의 사용을 강조하고 있다. 일부 학자는 말하기, 쓰기, Body Language와 같은 비공식적 방법을 통해 메시지를 송 · 수신하는 개인 간 커뮤니케이션과 직장에서 메모 · 게시판 · 뉴스지 · 사보 등과 같은 공식적인 방법을 통해 메시지를 송 · 수신하는 조직 내 커뮤니케이션으로 구분하기도 한다.

2 언어적 커뮤니케이션

1) 구두 커뮤니케이션

중심문제	기구분석	요소
• 어떤 매체(경로)에 의해서 이루어졌는가? • 누가 이야기하는가? • 무엇이 이야기되었는가? • 누가 이야기에 대해서 영향을 받는가? • 어떻게 이야기된 내용 · 효과를 측정하는가?	• 말하는 의의 분석(누가) • 내용분석(무엇을) • 미디어 분석(어떤 수단으로) • 듣는 이의 분석(누구에게) • 효과분석(어떤 효과를)	• 말하는 사람 • 말하는 방법 • 말하는 내용 • 듣는 사람 • 듣는 방법 • 효과

2) 대화의 일반적 목적

일반적 목적	반응	대화의 성질
• 감동시킨다. • 이해시킨다. • 행동하게 한다.	• 인상적이다(정(情적)인 반응). • 확신, 동의, 승인(지(知)적인 반응) • 납득하여 눈에 띄는 행동을 한다.	• 설득적 • 호소적
• 알려 준다 • 즐겁게 해 준다.	• 명확한 이해 • 관심흥미를 갖고 즐긴다.	• 교훈적 • 호의적

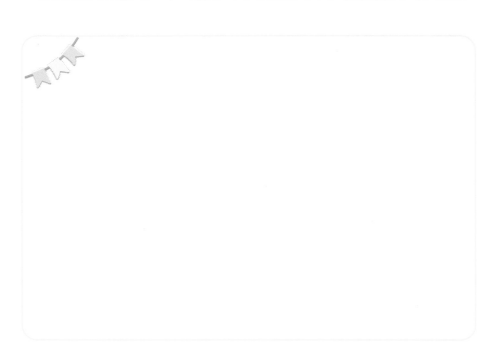

3) 대화의 공식

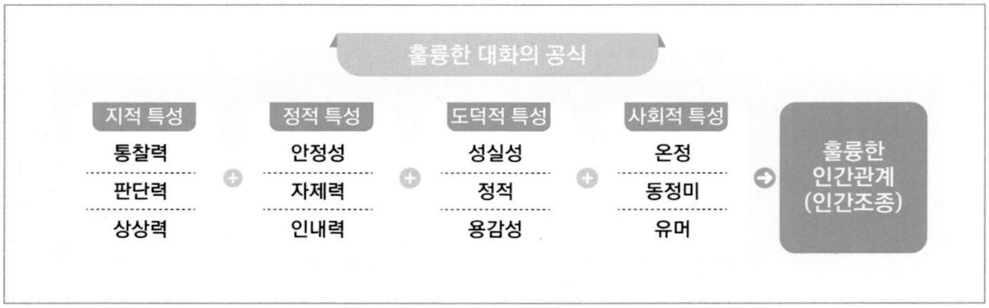

©www.hanol.co.kr

그림 2-1 _ 대화의 공식

4) 초면의 대화제목

주여신식의사가 천생연분이오.

5) 대화 선택의 요령

① 목적에 맞는 화제

② 구체적인 화제

③ 일상생활에 익숙한 화제

④ 시사성 있는 화제

⑤ 유머러스한 화제

⑥ 욕망에 호소하는 화제

⑦ 스릴 있는 화제

⑧ 경험적인 화제

⑨ 숫자를 제시하는 화제

⑩ 실현성 있는 화제

6) 화제선택의 금지사항

① 식탁에서 불쾌감을 주는 화제

② 공석에서의 사담

③ 식사시간 중 음식에 대한 불평

④ 타인에 대한 험담

⑤ 자기이야기만 하는 멍청이

⑥ 설교나 교훈식의 이야기

⑦ 다른 사람 앞에서의 꾸짖음

⑧ 참석자 전체에게 흥미를 주지 못하는 화제

⑨ 여성이 참석해 있는 파티에서 신체에 관한 이야기

⑩ 때와 장소에 어울리지 않는 화제

3 비언어적 커뮤니케이션

비언어적 커뮤니케이션은 눈 · 몸짓 · 손발동작 · 얼굴표정 · 침묵 · 두려움 · 분노 · 웃음 · 감정 등 의식적 또는 무의식적으로 표현된 모든 행동으로서 상대방에게 알게 모르게 인식시키는 의사전달방식이다.

1) 시선의 주의점

① 당신과 듣는 이의 시선을 연결할 것
② 시선은 골고루 나누어 줄 것
③ 눈동자를 함부로 굴리지 말 것
④ 시선을 둘 곳에 둘 것
⑤ 대화의 내용과 시선을 통일할 것

2) 제스처의 특성

Study Check

★ 다음 문항을 보고 그것이 어떠한 비언어적인 의사를 표시하는지 보기에서 골라 보자.

구분	문항	정답
1	상의의 단추를 열고, 다리를 꼬지 않고, 바싹 다가서서, 팔짱을 끼지 않는다.	
2	의자 끝에 앉는다. 몸을 약간 앞으로 구부린다. 머리를 약간 기울인다. 볼에 손을 댄다. 볼을 어루만진다. 곁눈질한다. 입을 삐쭉 내민다. 안경을 천천히 주의 깊게 닦는다. 눈을 보고 일방적으로 살짝 미소짓는다.	
3	의자 끝에 걸터앉는다. 발돋움한다. 선 채로 양손을 뒤로 잡는다. 상의의 단추를 연다. 머리를 기울인다. 가까이 다가선다. 접촉한다. 손바닥을 비빈다. 얼굴을 똑바로 하여 너그러운 표정으로 미소짓는다. 바지를 위로 힘껏 추스린다.	
4	팔짱을 낀다. 주먹을 쥔다. 양팔을 잡는다. 다리를 꼰다. 눈을 내리뜬다. 한쪽 다리를 의자의 옆에 놓는다. 옆에서 힐끗 쳐다본다. 외면한다. 곁눈질한다. 약간 몸을 움찔한다.	
5	걷는다. 콧대를 만진다. 머리를 수그린다. 입에 손을 댄다. 눈을 문지른다. 옆을 향해 뚫어지게 본다. 코를 문지른다. 귓등을 문지른다. 양발 또는 시선, 아니면 몸 전체를 출구로 돌린다.	
6	숨이 차다. 양손을 굳게 잡는다. 양손을 비튼다. 기침을 한다. 손바닥을 머리 뒤에 댄다. 의자에 앉아 머뭇거린다. 발목을 가볍게 꼰다. 손등을 긁거나 문지르거나 한다. 팔꿈치 또는 팔을 잡는다.	
7	테이블을 친다. 머리를 움켜쥔다. 눈을 내리뜬다. 낙서한다.	

[보기]	가. 의미를 찾는다. 다. 환심을 산다. 마. 긴장한다. 사. 방어한다.	나. 의심한다. 라. 흉금을 털어 놓는다. 바. 무료함을 나타낸다.

4 커뮤니케이션의 다양한 정의

〈표 2-1〉의 커뮤니케이션 정의는 대인적 관점과 조직적 관점으로 구분한 것이다.

표 2.1 커뮤니케이션 정의

구분	학자	정의
대인관점	R.L. Daft	커뮤니케이션은 원칙적으로 개인 간의 과정이라서 정보전달과정이 개인과 개인, 또한 개인과 집단 간이라 할지라도 당사자는 결국 개인이다.
	H.A. Simon	커뮤니케이션은 광의로는 사람과 사람, 사람과 기계, 기계와 기계 간에 이뤄지는 정보이전과정이며, 협의로는 사람과 사람 간에 정보·의사·감정이 교환되는 것이다.
	K.M. Bartol & D.C. Martin	사람들 간의 공통된 의미를 얻기 위해 메시지를 교환하는 것이다.
	S.P. Robbins	의미의 전달이고 이해이다.
	J.M. Ivancevich & M.T. Matteson	언어적·비언어적인 상징을 통한 정보와 이해의 전송(transition)이다.
조직관점	D. Katz & R.L. Kahn	어떠한 집단과 조직 혹은 사회의 기능에 가장 광범위한 관련을 맺고 있는 사회적 과정
	P.V. Lewis	조직구조 속에서 관리자·부하·동료들 상호 간 또는 집단 간 정보전달의 발전된 기술이나 메시지를 통하여 메시지·관념·태도를 공유하는 것이다.
	E.M. Rogers & R.A. Rogers	태도뿐만 아니라 외적 행동을 변화시킬 의도로 정보원천으로부터 수신자에게로 관념이 전파되는 과정이다.
	B.M. Johnson	조직 커뮤니케이션이란 공식조직의 상황내부에서 발생하고 일정한 성과(조직 정보와의 통합)를 갖는 커뮤니케이션이다.
	R.D. Mcphee	조직상황에서 과업목표와 역할수행을 위해 규칙에 따라 지배받는 조직구성원의 커뮤니케이션이다.

자료: 홍순이·홍용기, 2005: 26.

02 커뮤니케이션 유형

일방적 커뮤니케이션이라는 것은 개인이 많은 사람들을 상대로 일방적인 이야기를 진행해 나가는 것을 특색으로 하는 의사소통을 말한다. 즉 청중을 상대로 행하는 강연, 연설, 강의, 설교, 보고, 발표, 공적인 인사, 테이블 스피치 등이 일방적인 커뮤니케이션의 구체적인 경우라고 하겠다. 쌍방적 커뮤니케이션이라는 것은 개인과 개인이 서로 이야기하거나 듣는 것을 특색으로 하는 의사전달이다. 그 목적의 차이에 따라서 일상적인 인사, 소개, 응대應對, 상담相談, 요담要談, 면접, 면담, 상담商談 등 여러 가지로 불리고 있다.

©www.hanol.co.kr

그림 2-2 _ 조직 내 커뮤니케이션

03 커뮤니케이션의 기능 및 목적

커뮤니케이션의 목적은 영향력행사(to influence), 정보교환(to exchange information), 감정표현(to express feelings)으로 정리할 수 있으며, 이 세 가지는 메시지가 전달될 때 각기 따로 이루어지는 것이 아니라 동시에 함께 달성되어지는 것이다.

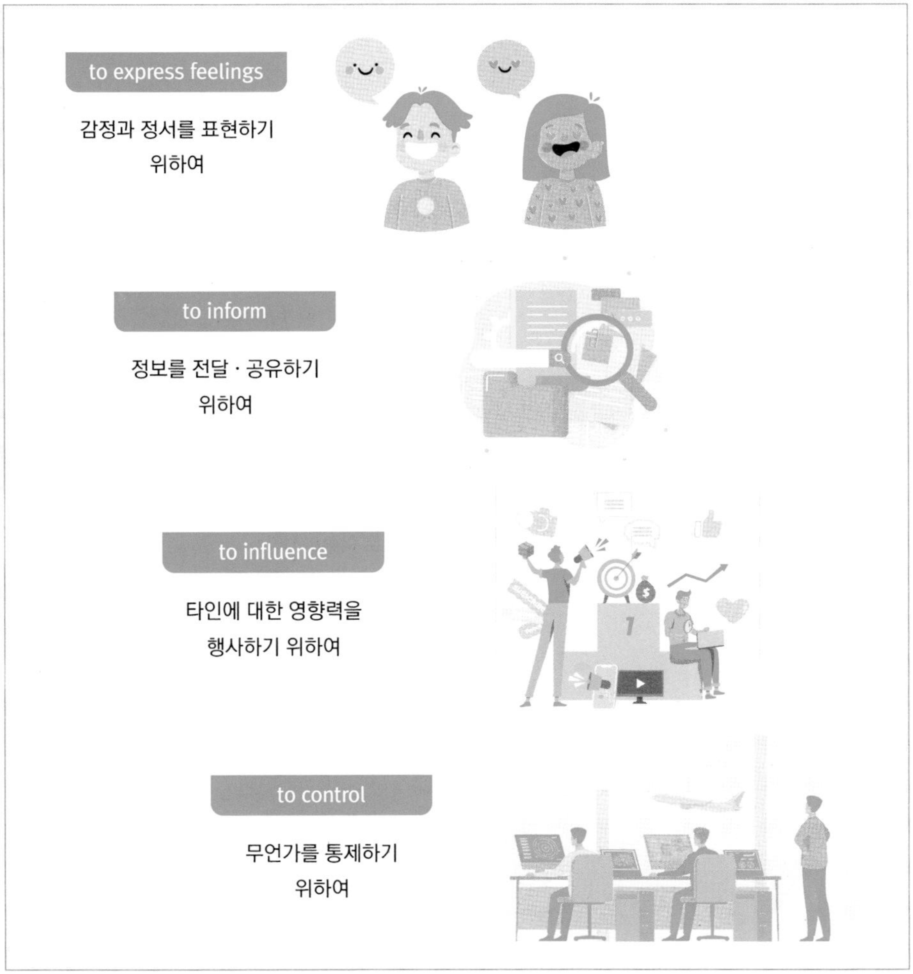
to express feelings
감정과 정서를 표현하기 위하여
to inform
정보를 전달 · 공유하기 위하여
to influence
타인에 대한 영향력을 행사하기 위하여
to control
무언가를 통제하기 위하여

©www.hanol.co.kr

그림 2-3 _ 커뮤니케이션의 기능

04 커뮤니케이션 과정

커뮤니케이션은 과정 혹은 흐름으로 볼 수 있다. 이 과정은 전달자와 메시지 그리고 수신자로 이루어진다. 전달자는 전달하고자 하는 내용을 정확하게 단어로 전환, 즉 부호화encoding시켜서 메시지message를 전달하고, 메시지를 받은 수신자는 전달자의 의도를 이해하며 메시지를 해독decoding한다. 이때 메시지를 전달하는 수단이 매체medium가 되며, 피드백feedback 과정을 통해 전달자의 의도가 제대로 반영되었는지 쌍방적으로 점검하는 것이다.

©www.hanol.co.kr

그림 2-4 _ 커뮤니케이션 과정

05 커뮤니케이션 장애요인

커뮤니케이션의 왜곡이 발생하는 요인으로는 전달자의 부호화된 메시지 왜곡, 메시지 내용 자체의 왜곡, 채널선택에 의한 왜곡, 수신자의 편견, 지식 · 기술부족 등이 있다. 이러한 왜곡을 방지하고 효과적인 커뮤니케이션을 행하기 위해서는 일방적 커뮤니케이션의 흐름 지양, 불편한 환경 개선, 커뮤니케이션에 적합한 Mood 조성, 피로감 조절 그리고 대인공포증과 같은 커뮤니케이션 걱정을 극복하는 것이다.

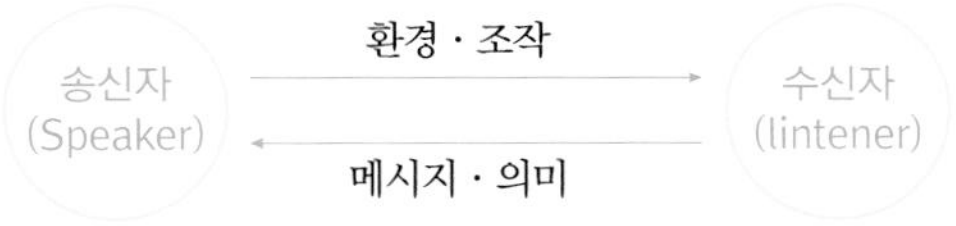

메시지 · 의미 요인	환경 · 조적요인	대인적 요인
• 잘못되거나 불명확한 메시지 전달 • 수신자가 메시지를 경청하지 않음 • 수신자가 메시지의 의미 오해	• 불안정하고 산만한 분위기의 환경 • 권위적인 계층구조 • 불완전한 의사소통 채널과 보고체계 • 시간 및 계획의 부족 • 물리적인 거리	• 의사소통 참여자의 신체 • 컨디션이 좋지 않은 경우 • 의사소통 참여자의 비참여적인 태도 • 의사소통 참여자의 가정·신념·가치·기대의 차이

©www.hanol.co.kr

그림 2-5 _ 커뮤니케이션 장애요인

재미있는 매니저

어느 가수가 한 행사에 참여를 하게 되었다.
행사주최측에서 가수가 행사에 오면 부를 노래 키(?)를 물어 보기 위해 매니저에게 전화를 했다.
행사담당자: 안녕하십니까? ○○가수 매니저 맞습니까?
매니저: 네 제가 ○○가수 매니접니다.
행사담당자: 네. ○○가수 키(?)를 좀 가르쳐주시겠습니까?
매니저: 네 ○○가수 키는 168입니다.
행사담당자: 하하하……
매니저: 하하하…… 여자치고는 조금 키가 큰편이죠. 하하하……

CHAPTER

03

Communication의 다섯 가지 비밀

01 의사소통요소들

의사소통이란 한 사람이 다른 사람에게 어떤 부호적 메시지를 통해 아이디어나 정보를 전달하는 과정을 말한다. 아이디어와 정보의 전달은 서로 간의 의미 또는 의사의 전달을 통해 가능하다. 그러나 의사소통은 단순히 의미의 전달로 끝나는 것이 아니라 그 의미가 상대방에게 이해되어야 한다. 따라서 의사소통이란 정보를 전달하여 그 의미를 서로 공유하는 과정이라 할 수 있다.

우리가 다른 사람과 의사소통을 하는 데 주로 사용하는 것은 말, 즉 언어라고 인식하고 있다. 그러나 우리가 아는 언어적 소통, 즉 말로서 의사를 표현하는 것은 7% 밖에 되지 않는다고 한다. 비언어적 표현으로는 신체적 반응이 약 55%, 음성이 38%라고 한다. 신체적 반응에는 말하는 자세, 제스처, 얼굴표정, 호흡길이와 속도 등이 있으며, 음성에는 음성의 크기, 빠르기, 질, 높낮이 등이 있다.

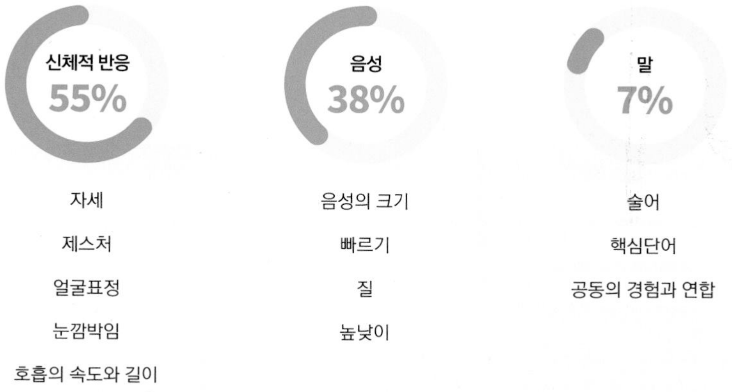

그림 3-1 _ 언어적 의사소통(7%) < 비언어적 의사소통(93%)

1 커뮤니케이션 스킬과 효과적인 상황

1) 기본자세

1. **기본자세 1: 상대방의 입장에서 듣고 반응하라.**

   - 느낌 및 요구확인 기술을 적절히 활용한다.

2. **기본자세 2: 상대방을 존중하라.**

   - 자존심을 유지시켜 준다.
   - 상대방의 능력을 믿고 도움을 요청한다.

3. **기본자세 3: 진실하게 대하라.**

   - 나의 느낌과 요구를 솔직하게 표현한다.
   - 구체적인 행동에 대해 이야기한다.

©www.hanol.co.kr

그림 3-2 _ 커뮤니케이션 스킬과 효과적인 상황

2) 기본자세 구분연습

Study Check

★ 다음의 대화 속에서 세 가지 기본자세 중 어떤 부분이 엿보입니까?

★ 아래의 보기와 같이 해당되는 번호를 (   )에 적어 놓으시오.

[보기]	(1) 정말 난처하겠군요. 그렇다고 일일이 설명하려니 내키지도 않겠죠?

(   ) ① 그동안 손혜숙씨가 성실하게 근무하는 모습을 보며 참 흐뭇했었습니다. 그리고 나의 부하사원이라는 사실이 자랑스럽기도 했어요.

(   ) ② 항공기 고장으로 인해 1시간 이상 지연될 때 손님 전체 여행일정에 차질이 생길 것 같아 나는 걱정이 되네. 정비완료시간을 20분 이내로 단축시켰으면 좋겠어.

(   ) ③ 담당자로서 이 문제에 대한 해결책을 갖고 있으리라 여겨지는데, 어떻게 하면 좋을까요?

(   ) ④ 열심히 일했는데, 성과가 별로 없어 실망스럽기도 하고, 한편 자신의 업무능력에 회의가 든단 말이지?

(   ) ⑤ 내가 알고 있는 바로는 김형이라면 이 문제를 원만히 해결할 수 있으리라고 봅니다.

(   ) ⑥ 어제 자네가 작업장 정리·정돈을 하지 않고 퇴근했을 때, 아침에 이야기했던 나의 지시를 무시하는 것 같아 상당히 불쾌했었네. 다음부터는 꼭 작업정리를 하고 퇴근을 해주게.

(   ) ⑦ 정말 힘이 들겠습니다. 더구나 동료들이 정씨의 마음을 몰라주는 것 같아 야속하기도 하겠군요.

(   ) ⑧ 어제 점심 때는 5분 늦게 들어 오더니, 오늘은 15분 초과했군요. 이로 인해 사내 근무분위기가 흐트러질까 걱정이 됩니다.

(   ) ⑨ 오늘은 정시에 퇴근하고 싶은데, 여의치 않을 것 같아 은근히 불안하단 말이지?

3) 기본자세 실습(집나간 도형)

Study Check

★ 활동이 끝나면 정답을 확인하고 아래의 문항에 답해 보시오.

NO	멤버 이름	①의 정답	②의 정답
1			
2			
3			
4			
5			
6			
7			
8			

① 당신이 갖고 있는 카드의 구멍을 메우는 도형을 갖고 있는 사람은?

_______________ 씨 정오(正誤) (   )

② 당신이 갖고 있는 잘라낸 도형을 필요로 하고 있는 사람은?

_______________ 씨 정오(正誤) (   )

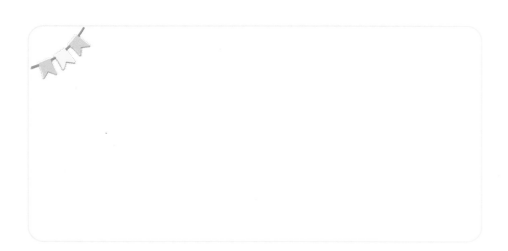

4) 생각해 봅시다

Study Check

① 당신은 자신이 필요로 하는 도형, 갖고 있는 잘라낸 도형의 모양을 어느 정도 정확하게 전달할 수 있었다고 생각합니까?

전혀 전달 할 수 없었다.	정확하게 할 수 없었다.	그런대로	제법 정확하게 되었다.	대단히 정확하게 전달되었다.

② 당신은 다른 멤버가 말하는 내용을 어느 정도 정확하게 들을 수 있었다고 생각합니까?

확인을 게을리해 전혀 정확하게 들을 수 없었다.	그다지 확인을 안했기에 정확하게 듣지 못했다.	그런대로	상당히 확인을 해 비교적 정확하게 들을 수 있었다.	반드시 확인을 해 대단히 정확하게 들을 수 있었다.

③ 실습을 해 보고 난 후 스스로의 말하는 법, 듣는 법의 특징에 대해 느낀 내용은 무엇입니까?

④ 그 외 활동에서 느낀 점을 발표하고 작성해 봅시다.

02 커뮤니케이션의 다섯 가지 비밀

1 커뮤니케이션의 첫 번째 비밀: 관심기울이기

1) 관심기울이기

관심기울이기는 인간관계에서 신뢰감을 형성하기 위한 가장 기본적인 의사소통기법이다.

대화 중 딴 짓을 하거나, 다른 생각을 하는 것과 같은 반응들을 보임으로써 상대방에게 관심을 기울이지 않는 행동을 할 경우, 그가 제대로 관심을 기울이지 않는다고 여겨져 기분이 상하고 더 이상 이야기를 나누고 싶지 않을 것이다.

관심기울이기 행동은 몸과 마음으로 상대방에게 관심과 주위를 집중함으로써 그를 이해하려 하고 있다는 사실을 전달하는 것이다. 즉 당신이 다른 사람의 이야기를 듣는 동안에 나타나는 신체적 · 언어적 행동이다.

① 내가 태어난 곳은?

② 나는 몇 남 몇 녀의 몇 번째입니다.

③ 내가 부모님으로부터 물려받은 특성은?

④ 특별히 인상에 남아 있는 여행은?

⑤ 내가 특히 좋아하는 음식 두 가지는?

⑥ 내가 좋아하는 오락은?

⑦ 내가 갖고 있는 중요한 가치관 중 세 가지는?

⑧ 현재 나의 직업에서 가장 좋은 점은?

⑨ 현재 나의 직업에서 가장 싫은 점은?

⑩ 내가 이제까지 이룬 업적 중 가장 큰 것은?

2) 방법

① 좋은 자세

ⓐ 편안하고 자연스러운 자세

ⓑ 상대방을 향한 자세

② 온화한 표정

ⓐ 부드러운 시선

ⓑ 따뜻한 미소

③ 적절한 말과 행동의 반응

ⓐ 반응하는 말 "아! 그래요," "그랬군요" 등

ⓑ 고개를 끄덕임

3) 효과

① 대화를 촉진한다. 나의 이야기에 관심을 보이지 않는 사람과는 이야기할 맛이 나지 않는다.

② 상대방에 대한 존중감을 전달함으로써 상호 친밀감을 형성하는 기초가 된다.

ⓐ 상대방이 존중받고 가치있는 존재로 느끼게 된다.

ⓑ 상대방이 이해받고 있다고 느끼게 된다.

③ 상대방의 말을 경청하고 기억하기가 더 쉽다.

④ 상대방의 자기표현을 촉진시킨다.

2 커뮤니케이션의 두 번째 비밀: 의사확인하기

1) 의사확인하기란?

상대방의 생각과 정보 혹은 제안을 자신이 옳게 듣고 이해했는지를 확인해 보는 것을 말한다. 관리자는 이러한 확인하기 기술을 활용함으로써 첫째, 부하가 말하려는 것을 이해하려고 노력하고 있다는 사실을 전달할 수가 있고 둘째, 부하의 말을 보다 구체화하는 데 도움을 얻을 수 있는 것이다. 사실 확인하기 기술에는 크게 반복하기, 바꾸어 말하기, 요약의 세 가지 하위기술이 포함된다.

① 반복하기

'반복하기'는 부하가 한 말을 그가 말한 그대로 반복함으로써 확인하는 기술이며, 이것은 비교적 짧은 한두 마디의 말에 대해서만 해당이 된다.

예 부하: "요즈음 왠지 살 맛이 안납니다."
관리자: "요즈음은 왠지 살 맛이 안난다고요?"

② 바꾸어 말하기

'바꾸어 말하기'란 부하가 말한 용어와 같은 뜻을 가진 다른 말을 사용함으로써 간단하게 그의 말을 확인하는 것이다. '바꾸어 말하기'는 혼란스러운 내용을 명료화하고 간결하게 해 줌으로써 이야기의 주제를 부각시키며, 관리자의 이해가 올바른가를 검토할 수 있도록 한다. 형식은 대개 "그러니까! 당신의 생각으로는……," "당신은 지금……라고 말하고 있군요," "바꾸어 말한다면……," "당신의 의견으로는……" 등이다.

예 부하: 나로서는 그 사람에 대한 판단을 잘못하겠습니다. 어떤 때는 더할 나위 없이 좋게 생각되다가도 어떤 때는 형편없거든요"
관리자: "그러니까 그 사람은 일관성이 없다는 말씀이군요"

③ 요약하기

'요약하기' 부하가 말하는 내용의 초점을 압축해서 명확하게 하도록 하는 기법이다. '바꾸어 말하기'의 경우보다 더 많은 내용에 대한 반응을 할 경우에 사용된다.

예 제법 많은 이야기를 나눈 후, 당신은 지금까지 과거의 직업에 대해 좋아하는 점과 싫어하는 점, 또한 이상적인 직업이 어떤 것인지를 말씀하셨습니다. 그리고 교육훈련 직무를 어떻게 맡을 것인지에 대해서도 말씀하셨습니다.

Study Check

의사확인하기란?

★ **상대방의 생각·정보·제안을 자신이 옳게 듣고 이해했는지를 확인해 보는 것을 말한다.**

- 반복하기
- 바꾸어 말하기
- 요약하기

▶ 주제

- 결혼상대자 선택 시 가장 우선적인 고려사항은, 그 이유는?
  - 외모, 재력, 성격, 가문 등
- 부모·배우자·자식·자신 중 1명만 구출될 수 있다. 의사결정권이 주어진 당신은 누구를 선택할 것인가, 그 이유는?
- 아파트와 주택 중 어디에서 사는 것이 좋을까, 그 이유는?

▶ 효과

- 상대방의 말을 이해하려고 노력하고 있다는 사실을 전달할 수 있다.
- 상대방의 말을 보다 구체화하는 데 도움을 얻을 수 있다.

2) 의사확인하기 연습

① 저는 능동적이고 적극적인 사람을 좋아 합니다.

- 그래서 스스로 일거리를 찾아나서고, 하나라도 더 배우려고 물어오는 사원들에게는 더 열심히 가르치려고 노력합니다. 그런데 요즈음 사원들은 우리 때와 달라서 물어오는 사람들이 거의 없습니다. 그저 시키는 일이나 하고, 가만히 앉아서 누군가가 찾아 와서 가르쳐 주기만을 기다리고 있습니다. 이런 사람들과 같이 일을 해야 하니 무슨 재미가 납니까?

② 저는 우리 부서에 대해서는 아무 불만이 없습니다.

- 일도 재미있고, 동료들도 다 좋은 사람들입니다. 그런데 우 팀장만은 예외입니다. 그 사람은 같은 반장이면서도 선임자라고 항상 나를 부하 대하듯 하고 불만투성이며, 화를 너무 자주 냅니다. 그리고 유독 나한테만 심하게 하는 걸 보면 무슨 감정이 있는 것 같기도 하고, 의도적으로 골탕을 먹이려고 작정을 한 사람 같습니다.

3 커뮤니케이션의 세 번째 비밀: 공감하기 적극적 경청

1) 반응경향 파악

Study Check

★ 상대방의 이야기를 듣고 어떤 이야기를 하는가는 당신이 상대방의 문제에 어떻게 반응하고 있는가를 확인해 볼 수 있는 좋은 자료가 된다. 만약 당신이 다음과 같은 이야기를 듣거나 당신이 다음과 같이 입장에 처한다면 당신은 어떤 이야기부터 먼저 하게 됩니까?

"✓"표로 표시하시오.
이 질문은 정답이 있는 것이 아니며, 다만 당신의 반응경향을 확인하려는 것이므로 정답을 찾으려고 애쓸 필요는 없습니다. 평상시의 생활 속에서 이런 상황일 때 어떻게 하겠는가를 가정하여 실제로 하는 스타일로 하시면 됩니다.

① 요즘 상사의 눈에서 완전히 벗어나 버린 것 같습니다. 오늘 아침에는 회의를 하면서 또 실수를 저질러 상사에게 야단맞고 나서 일이 손에 안잡히고 심란해 죽겠습니다. 나는 어떻게 하면 좋을지 모르겠습니다.

_____ a. 왜 실수를 저질렀죠?
_____ b. 상사에게 한번 터놓고 이야기해서 푸는 것이 좋을 것 같습니다.
_____ c. 그렇다면 참 불편하고 마음이 괴롭겠습니다.
_____ d. 윗사람이 그렇게 보는데는 무슨 이유가 있지 않겠습니까? 어떤 점이 잘못되었습니까?

② 인사부에서 가능한 한 감독자는 외부에서 스카웃하지 않는 것이 기본방침이라고 하기에 이번에는 틀림없이 진급 케이스라고 생각하고 뼈빠지게 일했는데, 오늘 아침 출근해 보니 내가 생각했던 자리에 외부사람을 스카웃하기로 했다지 뭡니까? 나는 무슨 꼴입니까?

_____ a. 그렇다면 정말 실망이 컸겠습니다. 회사에 대해 배신감이 들겠는데요.
_____ b. 그런 결정을 한 배경에는 나름대로의 회사사정이 있거나 그 사람이 당신보다 특별히 뛰어난 점이 있는 모양입니다.
_____ c. 한번 더 열심히 해서 재도전해 보시지요.
_____ d. 당신에겐 한마디도 없이 인사부에서 그렇게 결정했습니까?

③ 내 상사는 자기가 실수를 저지르고도 그 책임을 모두 나에게 밀어 버립니다. 심한 경우에는 자기가 잘못하는 것을 지적해주지 않았다고 나를 나무라기도 합니다.

______ a. 나는 상사가 아니라 누구라 하더라도 나에게 그렇게 대접하도록 두지는 못합니다.

______ b. 그런 경우에는 어떻게 하지도 못하고 보통 속상하지 않겠습니다.

______ c. 어떤 실수의 책임을 당신에게 미룹니까?

______ d. 당신은 그런 사람과는 관계를 끊는 것이 좋겠습니다. 그 방법을 한 번 찾아 보시지요.

④ 제 상사는 사무실에서 언제나 감독자인 저 같은 것은 안중에도 없는 것처럼 행동합니다. 조금이라도 마음에 들지 않는 것이 있으면 그는 그 자리에서 바로 실무자를 불러서 야단을 칩니다. 그리고 나서 실무자에게 일일이 지시를 합니다. 실무자들은 혼란을 일으키고, 저는 몹시 화가 납니다만, 그는 저의 상관입니다. 이럴 때는 어떻게 하는 것이 좋겠습니까?

______ a. 그럴 땐 상사하고 그 문제를 가지고 터놓고 이야기를 해 봐야지.

______ b. 그 상사가 언제부터 그러길 시작했지? 원래가 그런 사람이었나?

______ c. 누가 뭐라 해도 상사는 상사야, 그리고 부하라면 그 사람에게 적응해야지 별도리가 있겠어.

______ d. 상사가 당신의 부하들에게 직접 지시를 한다면 당신은 그 사람이 당신을 무시한다고 생각되고, 자존심도 상하고 몹시 못마땅하겠는데.

⑤ 우리 상사는 나를 불러 놓고 우리 부서에 무슨 문제가 있느냐고 물어 놓고는 내가 한참 설명을 하는 동안에 창 밖만 내다 보고 있다가 같은 질문을 자꾸 되풀이하는 것을 보면 분명히 내 이야기를 듣고 있는 것 같지 않습니다. 그는 거의 매번 나에게 무슨 문제가 있느냐고 물어 놓고서는 자기는 딴전을 피웁니다.

______ a. 상대방이 듣지 않는다고 생각되면 이야기를 중단하고 한참 있어 봐. 그럼 틀림없이 주의를 집중할거야.

______ b. 아무리 상사라 하더라도 당신의 모든 이야기에 관심이 있을 수는 없지 않겠어? 그렇다면 당신은 당신 부서의 문제는 스스로 해결하는 태도를 길러야 할 것 같은데.

______ c. 당신이 무슨 문제점을 이야기했는데, 상사가 그렇게 관심이 없지?

______ d. 당신은 중요한 문제라고 열심히 이야기하고 있는데, 윗사람이 듣지도 않는다면 몹시 실망이 되겠는데……

⑥ 나는 최선을 다하고 있습니다만 일의 갈피를 잡지 못하겠습니다. 우리 계장님은 내가 어떻게 해 주기를 바라는지 한 번도 이야기해 주신 적이 없습니다. 나는 윗사람이 나를 어떻게 생각하는지를 알고 싶습니다.

______ a. 당신 계장님이 당신에 대해서 어떻게 생각하는지 정말 한 번도 이야기하신 적이 없으십니까?

______ b. 내가 당신이라면 계장님과 한 번 이야기를 해 보겠는데……

______ c. 그렇다면 그건 계장님의 성격이겠지, 당신뿐만 아니라 다른 사람에게도 마찬가지일 것 아니냐, 별 신경쓸 것이 없을 것 같은데……

______ d. 당신은 계장님이 당신을 어떻게 생각하는지 알고 싶은데, 먼저 언급이 없으시면 몹시 답답하겠는데……

⑦ 나는 목표가 분명합니다. 물론 내가 열심히 노력해야 하겠지만 몇 사람만 더 이기면 제가 틀림없이 승진할 수 있을 것입니다. 나는 어떤 일이 있더라도 꼭 승진하고야 말 것입니다.

______ a. 아무리 승진이 중요하다 하더라도 다른 사람을 제치고 올라갈 생각을 해서야 쓰나?

______ b. 승진한다는 것은 당신에게 아주 중요한 것인 모양이구먼, 그것이 아무리 어렵고 설사 남들에게 미움을 받더라도 꼭 승진하겠다는 말이지?

______ c. 당신이 승진을 하면 뭐가 달라지는데?

______ d. 그렇다면 혼자 애를 쓸 게 아니라 윗사람들과 이야기를 해 보지 그래.

⑧ 나는 일이 너무 바쁩니다. 오늘도 새벽에 출근해서 지금까지 아침도 못먹고 이러고 있습니다. 모두가 나한테 바쁜 일이라고 맡깁니다. 이러다 일이 밀려 너무 지쳐 버릴 것 같습니다.

______ a. 모두 와서 바쁘다고만 하면 당신은 정말 힘이 들겠군.

______ b. 그 사람들이 도대체 어떤 일들을 갖고 와서 그렇게 바쁘다고들 하지?

______ c. 당신은 일이 너무 많은 것 같군. 그렇다면 상사와 의논을 해 보지.

______ d. 일이 밀린다면 아마 당신이 체계적으로 일을 처리하지 못하기 때문일 거야.

⑨ 우리 부서에서는 모두들 바쁘다라고 이야기만 하고 있지 실제로 바쁜 일은 모두 내게 미뤄 버립니다.

_______ a. 그런 일이 자주 있나?

_______ b. 그렇다면 한 번 이야기를 해 보지 그래.

_______ c. 당신한테만 일을 미뤄 버린다면 불공평하다고 느끼겠는데.

_______ d. 그걸 가지고 화를 내면 되나. 일을 많이 하는 사람은 언젠가는 반드시 그 대가를 받게 되어 있어.

⑩ 그 친구는 제 입사동기입니다. 학교도 같이 나왔고요. 승진하기 전까지는 괜찮은 녀석이었습니다. 그런데 이 녀석이 승진하고 난 뒤에는 꼭 부하들 앞에서 나를 야단치는게 아닙니까. 일대일이라면 그래도 덜 하겠는데.

_______ a. 옛날동료가 승진했다고, 더구나 부하들 앞에서 야단을 친다면 그건 정말 견디기 힘들겠는데.

_______ b. 네가 실수만 안하면 그런 소리는 안들을 것 아니냐.

_______ c. 그 친구와 가까운 친구들에게 이야기해서 그 친구에게 주의를 좀 주도록 하지 그래.

_______ d. 도대체 그런 일이 몇 번이나 있었지?

2) 반응의 종류

❶ 비판

상대방의 이야기를 듣고 평가하며 판단하고 지적해 주는 반응이다.

①	②	③	④	⑤	⑥	⑦	⑧	⑨	⑩
d	b	a	c	b	c	a	d	d	b

❷ 정보의 요구

반응을 하기 전에 이해하기 위하여 더 많은 정보를 요구하는 일이고, 상대방은 심문당하는 것처럼 느낄 우려가 있다.

①	②	③	④	⑤	⑥	⑦	⑧	⑨	⑩
a	d	c	b	c	a	c	b	a	d

❸ 충고

상대방에게 어떻게 하는 것이 좋은가를 조언해 주는 반응이다.

①	②	③	④	⑤	⑥	⑦	⑧	⑨	⑩
b	c	d	a	a	b	d	c	b	c

❹ 공감

상대방의 입장에서 그의 기분을 수용하며 이야기의 내용을 이해하는 반응이고, 친밀감을 조성하고 상호 이해를 돕는다.

①	②	③	④	⑤	⑥	⑦	⑧	⑨	⑩
c	a	b	d	d	d	b	a	c	a

©www.hanol.co.kr

그림 3-3 _ 반응경향 파악

3) 공감하기란?

공감하기는 상대방이 전달하고자 하는 말의 내용은 물론, 내면에 깔려 있는 감정과 그 요구에 귀를 기울여 이해한 바를 상대에게 확인시켜 주는 것이다. 즉 상대방의 느낌과 요구를 확인하는 기법이다. 느낌 및 요구를 확인하는 것은 상대방에게 동의하거나 지는 것을 의미하지는 않는다.

① 반응방법

반응과정

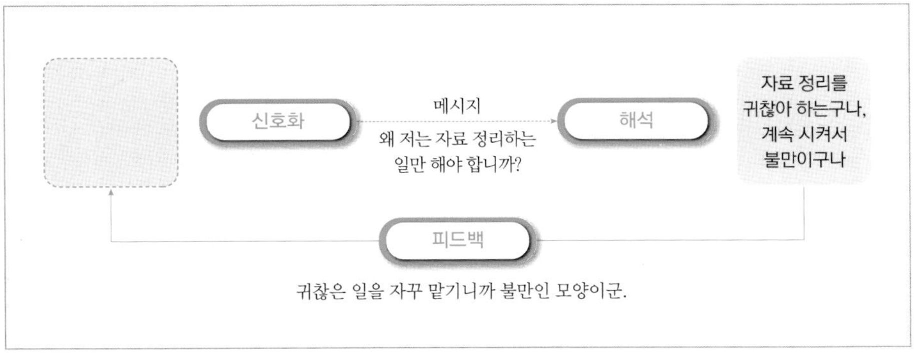

©www.hanol.co.kr

반응방법

① 당신이 ······························ 하기 때문에~해서

② 당신이 ······························ 하게 느끼는구나느낌

③ 그래서 당신이 ······························ 되길 바라는 모양이지?요구

Study Check 감정(느낌)확인의 5단계

- 좋다 · 나쁘다 식으로 전체적으로 크게 나눈다.
- 기분을 나타내는 특정한 단어를 사용한다.
- 기분의 정도를 나타낸다(약간, 상당히, 아주, 몹시, 강하게 등).
- 상대방이 기분을 나타나는 데 사용하는 단어와 같은 뜻을 가진 다른 단어를 사용한다.
- 상대방에게 익숙하고 그가 잘 사용하는 단어를 골라서 사용한다.

❷ 효과

① 대인 간의 의사소통에서 생길 수 있는 오해를 방지할 수 있다.

② 상호 간에 깊은 관심과 신뢰감을 갖게 된다. 특히 부하직원은 당신이 그의 말을 매우 관심있게 경청하고 있으며, 자신을 이해해 주기를 갈망하는 그의 마음에 부응하여 그의 입장을 충분히 납득하고 있다는 사실을 깨닫게 해 줄 것이다.

③ 부하직원이 자신의 문제를 은폐하거나 회피하지 않고 탐색함으로써 스스로 문제를 해결할 수 있도록 도와준다.

④ 자신이 부하직원의 마음을 이해해 줌으로써 부하직원에게도 그렇게 할 수 있는 능력을 길러 준다.

⑤ 상호 간의 부정적인 감정들에 대한 두려움을 감소시키게 된다.

4) 이해촉진 Test

Study Check

① 적극적인 경청법이란
a. 상대의 이야기 가운데 있는 모순이나 잘못을 찾아내 가는 경청법이다.
b. 상대에 대해 될 수 있는 대로 많은 정보를 얻어내기 위한 경청법이다.
c. 상대의 이야기내용과 그 배후에 있는 감정을 잘 이해하기 위한 것이다.
d. 상대의 이야기내용이나 그 이야기의 논리적 조리를 잘 이해하기 위한 경청법이다.

② 적극적인 경청법에 있어 중요한 것은
a. 상대에 대해 위로하는 심정을 갖는 것이다.
b. 상대를 한 사람의 인간으로써 존중하는 태도이다.
c. 상대를 마음상하지 않도록 하는 배려이다.
d. 자기 입장을 지켜낸다고 하는 자신이다.

③ 공감하기를 한다는 것은
a. 상대에게 작용을 가하여 상대를 변화시키는 일이다.
b. 자기에게도, 상대에게도 기본적인 가치관이나 인생관에 변화를 가져오게 한다.
c. 상대에게 무엇이든 말하게 하여 그의 기분을 속시원하게 해주는 일이다.
d. 상대의 기분 속에 자기를 의지하려고 하는 기분을 일으키게 하는 일이다.

④ 상대를 잘 이해하기 위해서는
a. 많은 질문을 하여 조금씩 알도록 하는 것이 필요하다.
b. 상대가 자라온 환경·배경 등을 잘 아는 것이 필요하다.
c. 일이 있을 때마다 왜 그렇게 느끼는가, 그렇게 생각하는가 등을 철저하게 들어 보도록 하는 것이 필요하다.
d. 상대가 느끼고 있는 것처럼 자기도 느끼는 것이 필요하다.

⑤ 사람은 자기가 말하고 있는 내용을 상대가 이해해 주고 있다고 느끼면
a. 자기가 말하고 있는 내용에 주의하게 되며, 자기생각을 자신이 확인하게 된다.
b. 자기가 말하고 있는 내용이 옳고, 상대가 틀린다고 확신하게 된다.
c. 자기쪽이 틀리고 있던 것이 아닌가 하고 반성하게 된다.
d. "상대가 말하는 내용이 자기가 말하고 있는 내용과 같은 것이다"라고 생각하게 된다.

⑥ 자기의 자화상에 맞지 않는 경험이라는 것은
a. 수용하는 것은 대단히 어려운 것이다.
b. 전혀 수용하려고 하지 않는 것이다.
c. 의외로 간단히 수용해 버리고 마는 것이다.
d. 자기 자신을 잃어 버리는 원인이 된다.

⑦ 공감하기는 개인의 자화상에 위협을 주지 않는다. 그러므로 그는
a. 자화상을 바꾸지 않아도 된다.
b. 이쪽이 말하는 대로 자화상을 바꿀 수가 있다.
c. 자화상이 어느 정도 현실적이었는가에 대해 자신이 결정한다.
d. 한층 자화상을 굳건히 할 수 있다.

⑧ 사람이 새로운 경험이나 가치관을 수용하게 되는 것은

a. 타인으로부터 수용할 것을 강요당하는 냉엄한 장소에 있어서이다.

b. 타인으로부터 예리한 비판을 받는 자리에서이다.

c. 타인으로부터 친절하게 가르쳐지고, 설득받는 자리에 있어서이다.

d. 안심하며, 그것을 자신이 음미하여 결정할 수 있는 자리에 있어서이다.

⑨ 공감하기에서 해서는 안 되는 것은

a. 자기 기분(감정)을 나타내는 것이다.

b. 상대에게 호의를 나타내는 것이다.

c. 상대의 발언을 곧 바로 판단하여 평가해 버리는 것이다.

d. 상대에게 참마음을 말하게 하는 것이다.

⑩ 공감하기에서 듣는 사람은 상대의 입장에 서서 사물을 볼 필요가 있으나, 다시 상대에 대하여

a. 자기의 입장에서 생각한 것도 전해 줄 필요가 있다.

b. 상대의 생각에 문제가 있는 부분을 가르쳐 줄 필요가 있다.

c. 상대에게 유효할 만한 것은 전해 주지 않으면 안 된다.

d. 상대의 입장에서 사물을 보고 있다는 것을 전하지 않으면 안 된다.

⑪ 사람이 전달하려고 하는 메시지는 보통 두 가지 요소가 있다. 그것은

a. 전달하려고 하는 내용과 그 밑바닥에 있는 감정이나 태도이다.

b. 업무상의 일과 사생활상의 일이다.

c. 사실과 그에 대한 자기 의견이다.

d. 사실과 그에 대한 참고자료이다.

⑫ 의사소통은

a. 모두 언어에 의해 행해진다.

b. 언어 이외에 문서나 기호에 의해서도 행해진다.

c. 언어 이외에 표정 · 몸짓 · 눈돌리기 등에 의해서도 행해진다.

d. 침묵에 의해서 행해진다.

⑬ 서로의 의사소통과정에서 특히 중요한 것은
a. 신속히 결론을 내도록 노력하는 것
b. 상호 간의 긴장을 피할 것
c. 서로의 생각이나 언어의 내용에 조리를 세우는 것
d. 서로 간에 일어나는 감정의 상호작용에 눈을 돌리는 것

⑭ 듣는 사람이 자기 입장이나 생각을 말함에 있어서는
a. 상대가 자기 말을 다할 때까지 기다리는 것이 필요하다.
b. 상대의 의견을 될 수 있는 한 부정하지 않고, 자기 의견을 말하는 것이 필요하다.
c. 상대 입장에서 그 심정·생각을 요약할 수 있을 만큼 그의 말을 잘 이해하는 것이 필요하다.
d. 상대가 자신의 의견에 따라 줄 만한 소지를 만들어 두는 것이 필요하다.

⑮ 공감하기에서 가장 큰 문제는
a. 상대의 의견과 입장을 존중하는 나머지 자기의 의견이나 입장을 주장할 수 없게 되는 점이다.
b. 자기가 바뀌어지고 만다고 하는 위험을 범하지 않으면 안 된다는 점이다.
c. 상대의 의견을 무엇이든 들어 주지 않으면 안 된다는 점이다.
d. 그 이론이 심리요법을 기초로 하고 있으므로 일반인들에게는 어렵다는 점이다.

⑯ 상대와 대화할 때 듣는 사람은 자기 감정을
a. 어떤 것이든 솔직히 표현할 수 있는 일이 필요하다.
b. 될 수 있는 한 억제하도록 하는 편이 좋다.
c. 좋은 감정일 때에는 적극적으로 표현해 나가야 할 것이다.
d. 나쁜 감정일 때에는 솔직히 표현하는 것을 삼가는 편히 낫다.

⑰ 자기에 대해서 적의가 담긴 발언이 있을 때에는
a. 어디가 오해받게 되었는가를 찾아 그 오해를 풀도록 잘 대화한다.
b. 상대 기분을 다시 흥분시키지 않도록 주의하여 그것을 받아 흘린다.
c. 온 몸으로 그 공격을 막아내야 할 것이다.
d. 꺾일 것 같이 되더라도 그것을 얼굴에 나타나지 않도록 해야 할 것이다.

⑱ 적의나 악감정의 표현에 대처하는 데 비교하여 참다운 깊은 호의나 긍정적 감정을 받아들이는 것은

a. 상당히 쉽다.

b. 오히려 어렵다.

c. 문제 안 된다.

d. 마음에 혼란이 일어나기 쉽다.

⑲ 자기의 목소리가 한층 커지게 될 때란 대체적으로

a. 자기가 상대와의 이야기에 열중하고 있을 때이다.

b. 상대의견에 반대할 때이다.

c. 자기 자신에 자신감에 넘쳐 있을 때이다.

d. 자기가 불안해지고 있을 때이다.

⑳ 자기 기분이 흥분하고 있다는 것을 느꼈을 때에는

a. 우선 자기 자신의 기분을 정확히 파악해야 한다.

b. 어떻든 상대의 말에 귀를 기우려야 할 것이다.

c. 우선 그러한 자기 기분을 억제하는 것이 필요하다.

d. 되도록 빨리 그 기분을 잊도록 하는 것이 필요하다.

5) 공감하기 실습

Study Check

① "여사원도 정식사원이에요. 남자사원들과 비교해서 저희가 하는 일이나 대우는 너무 차이가 나요. 김 언니도 여자이면서……"

- 상대방의 느낌:________________ 이유:________________
- 나 자신의 반응:________________________________

② "저는 제 할 일을 다하고 친구와 와서 잠시 나갔다 왔을 뿐이에요……"

- 상대방의 느낌:________________ 이유:________________
- 나 자신의 반응:________________________________

③ "과장님은 회사에 대한 불만이 있으면 스스럼없이 말해 보라고 하시지만, 제 입장으로는 공연히 찍히는 것 같아 말하기가 어렵습니다."

- 상대방의 느낌:________________ 이유:________________
- 나 자신의 반응:________________________________

④ "도대체 이 일을 어떻게 주말까지 끝내라는 겁니까? 할 수 있으면 선배님이 해보시지요. 시키기만 하면 다 들어 먹는 얼간이로 우리를 생각하는 모양이지요"

- 상대방의 느낌:________________ 이유:________________
- 나 자신의 반응:________________________________

⑤ "저도 이 일을 한지 벌써 2년이 넘었어요. 그런데 하는 일은 매일 똑같지 않습니까? 뭐 좀 다른 일을 할 수는 없을까요?"

- 상대방의 느낌:________________ 이유:________________
- 나 자신의 반응:________________________________

⑥ "김 선배는 툭하면 말을 함부로 해요. 반말은 말할 필요도 없고요. 제가 입사한지도 벌써 2년이에요. 시키는 것을 사정이 있어서 하지 못하면 욕지거리나 해대니…… 지금까진 참아 왔지만 도저히 이제는 못참겠어요. 오늘만 해도 벌써 3번째에요."

- 상대방의 느낌: ____________ 이유: ____________
- 나 자신의 반응: ____________________________

⑦ "박 선배는 저에게 늘 이런 식이에요. 처음부터 저를 별로 좋아하지 않았거든요. 제 딴에는 열심히 한다고 하지만 늘 지적당해서 야단맞는 사람은 저뿐이에요. 대들 수도 없고, 스트레스만 자꾸 쌓이니……"

- 상대방의 느낌: ____________ 이유: ____________
- 나 자신의 반응: ____________________________

⑧ "요즘엔 친구들 얼굴 한번 제대로 볼 수가 없습니다. 일이란게 도대체 뭡니까? 다 여유있게 살기 위해서 하는 것 아닙니까? 대체 퇴근시간은 있는 겁니까, 없는 겁니까? 친구들에게도 너무 미안하고, 이거 힘들어서 어디 해 먹겠습니까?"

- 상대방의 느낌: ____________ 이유: ____________
- 나 자신의 반응: ____________________________

⑨ "김 선배님, 일하는 사람 입장도 생각해 주셔야 되지 않습니까? 과장님께서는 아까 오셔서 이 일부터 빨리 처리하라고 하시길래 지금 정신없이 하고 있는데, 선배님은 또 이렇게 다른 일을 하라고 재촉하시면 저는 도대체 어느 장단에 춤추란 말입니까?"

- 상대방의 느낌: ____________ 이유: ____________
- 나 자신의 반응: ____________________________

⑩ "선배님, 이현숙씨가 저보다 입사를 빨리했으면 얼마나 빨리 했습니까? 나이도 어린 게 말하는 투하고는…… 한번만 더 말을 그따위로 하면 참지 않겠어요."

- 상대방의 느낌: ____________ 이유: ____________
- 나 자신의 반응: ____________________________

4 커뮤니케이션 네 번째 비밀: 나-메시지

1) 나-메시지와 너-메시지

구분	나-메시지(I Message)	너-메시지(You Message)
정의	'나'를 주어로 하여 상대방의 행동에 대한 자신의 생각이나 감정을 표현하는 대화방식	'너'를 주어로 하여 상대방의 행동을 표현하는 대화방식
예	의사표현: "작업량이 많은 데 일이 자꾸만 늦어져 걱정이구만." 상사: 일이 늦어져 초조함 부하직원: 작업이 늘어서 걱정하고 있구나	의사표현: "자네가 하는 일은 왜 매번 이렇게 늦나?" 상사: 일이 늦어져 초조함 상사: 상사가 나를 무능력하다고 생각 하는 군 ©www.hanol.co.kr
효과	• 상대방에게 나의 입장과 감정을 전달함으로써 상호 이해를 도울 수 있다. • 상대에게 개방적이고 솔직하다는 느낌을 전달하게 된다. • 상대는 나의 느낌을 수용하고 자발적으로 자신의 문제를 해결하고자 하는 의도를 지니게 된다.	• 상대에게 문제가 있다고 표현함으로써 상호관계를 파괴하게 된다. • 상대에게 일방적으로 강요·공격·비난하는 느낌을 전달하게 된다. • 상대는 변명하려 하거나 반감·저항·공격성을 보이게 된다.

2) 나-메시지 구성요소

① 수용할 수 없는 행동에 대한 비난이나 비평 없는 설명

ⓐ 가치판단이 개입되지 않는 것'사무실에서 쓸데없이 낄낄대고 웃을 때'가 아닌

ⓑ 이전의 행동을 끌어들이는 말의 사용이 없는 것'늘 그렇듯이 사무실에서'가 아닌

② 그 행동이 당신에게 미치는 구체적인 영향

ⓐ 당신이 다른 일을 위해 써야 할 시간·정력·돈을 쓰게 한다.

ⓑ 당신이 해야 하거나 하고 싶은 것을 할 수 없도록 방해한다.

ⓒ 당신의 심신을 괴롭힌다.

③ 상대방의 행동과 영향에 대한 당신의 감정이나 느낌

순서	내용
상대방의 행동표현	문제가 되는 상대방의 행동과 상황은? 당신이 (　　　　)하니까
나의 느낌 진술	그 영향에 대한 나의 느낌은? 나는 (　　　　)한 느낌이 든다.
행동의 영향표현	그 행동이 나에게 어떤 영향을 미치는가? 나에게 (　　　　)미쳐서

나-메시지의 진정한 힘은 거의 모든 경우에 있어서 상대방을 평가하거나 비난하는 것보다는 차라리 당신의 느낌을 이야기하는 것이 좀 더 상호간에 만족스러움을 줄 수 있다는 데 있다.

3) 나-메시지 실습

Study Check

① 다음 문장은 세 가지 구성요소로 된 '나 - 메시지'이다. 다음 빈 칸에 '행동,' '영향,' '감정'을 써 넣으시오.

ⓐ 김 실장으로부터 프로젝트 진행실적에 대한 보고를 받지 못하면 (　　　) 나는 걱정이 되어(　　　) 다른 일이 손에 잡히지 않습니다.(　　　)

ⓑ 박 대리가 프로젝트회의에 불참하면 (　　　), 당신의 경험과 이점을 우리가 활용하지 못하기 때문에(　　　), 답답하고 안타깝습니다.(　　　)

ⓒ 정수영씨가 발주한 신상품 안내책자의 색상이 흐릿하게 처리되어 배포된 것을 내가 보았을 때(　　　), 각 영업소나 대리점으로부터 우리 부서가 욕을 먹지나 않을까 싶어 (　　　) 불안하고 신경이 쓰입니다.(　　　)

② 다음을 읽고 나의 욕구를 방해하는 상대방의 행동을 가장 잘 표현한 문장에 '✓'표를 하시오.

□ ⓐ 고객의 클레임에 대해 항변을 하는 모습을 볼 때
□ ⓑ 고객의 클레임마다 항변하는 모습을 볼 때
□ ⓒ 고객의 클레임에 무식하기 짝이 없게 항변하는 모습을 볼 때
□ ⓐ 김형이 또 지각하여 출근할 때
□ ⓑ 김형 마음대로 시간관념도 없이 지각하여 출근할 때
□ ⓒ 김형이 10 : 00시가 넘어 지각하여 출근할 때
□ ⓐ 근무시간인데도 눈치도 없어 신문을 보고 있으니까
□ ⓑ 조형이 근무시간에 신문을 보고 있으니까
□ ⓒ 근무시간에 하라는 일은 안하고 신문을 보고 있으니까

③ 다음을 읽고 나에게 끼친 가장 명확하고 구체적인 영향을 고르시오.

ⓐ 고객의 클레임에 대해 항변하는 모습을 볼 때
□ ㉠ 내가 부서회의 시 이야기한 친절 캠페인내용을 무시하는 것 같다.
□ ㉡ 너는 인사고과에 나쁜 영향을 미칠 것이다.
□ ㉢ 너는 우리 회사 사원으로서 부적절하다.

ⓑ 10시가 넘어서 지각하여 출근하는 김형을 보니
□ ㉠ 당신은 아침회의를 불참하게 될 것이다.
□ ㉡ 근태에 대해 마이너스된 것이 인사고과에도 영향을 줄 것이다.
□ ㉢ 내가 업무지시를 하는 데 어렵게 된다.

ⓒ 네가 근무시간인데도 신문을 보고 있으니까
□ ㉠ 같이 의논해야 할 일을 못하게 된다.
□ ㉡ 너는 근무태만이다.
□ ㉢ 너의 평이 나빠질 것이다.

④ 수용할 수 없는 상대방의 행동과 구체적 영향에 대한 나의 감정을 기록하시오.

행동과 구체적 영향	당신이 가지게 될 감정
고객의 클레임에 대해 항변하는 모습을 오늘 볼 때(행동), 내가 부서회의 시 이야기한 친절 캠페인 내용을 귀담아 듣지 않은 것 같아서(영향)	
김형이 10시가 넘어 지각하여 출근하면(행동) 내가 업무지시를 하는 데 어려울 것 같아(영향)	
네가 근무시간인데도 신문을 듣고 있으니까(행동) 같이 의논해야 될 일을 못하게 되어(영향)	

4) 효과적인 피드백을 위한 6원칙

① 피드백은 근본적으로 당신으로 당신을 위해서가 아니라 다른 사람을 돕고자 하는 욕구에서 출발해야 한다. 그러므로 사람을 나무라는 식으로 하여 상대의 자존심을 건드려서는 안 된다. 그렇게 하기 위해서는 상대에게 피드백의 내용을 강요할 것이 아니라 요청하는 형식으로 해야할 것이다.

② 그러나 그보다 더 바람직한 것은 어떤 행동이나 사실을 지적해 주되, 있는 그대로 기술해 주는 것이 옳다. 그러니까 선과 악, 옳고 그름에 대한 판단을 하지 말고, 자기에게 보이는 대로 기술해야한다.

③ 가능하면 피드백은 상대방이 통제할 수 있는 행동을 목표로 하되, 피드백을 하고자 하는 행동을 한 뒤에 즉각적으로 반응해야 한다.

④ '너' 중심의 표현을 하지 말고 '나' 중심의 표현으로 피드백을 해야 한다. 그러니까 상대의 어떤 행동에 대해 화를 낼 것이 아니라, 상대의 행동 때문에 화가 났다는 사실을 말로써 알려 주어야 한다.

⑤ 집단 내에서의 피드백은 여러 사람들에게 공통적으로 관찰되어질 수 있는 행동에 근거를 두는 것이 좋다. 만약 아무도 그렇게 보지 않는 행동을 자기만 그렇게 보고 피드백을 한다면 그런 피드백은 대부분 피드백을 받는 사람 때문에 생기는 것이 아니라, 피드백을 하는 사람의 욕구에서 생기는 경우가 많다.

⑥ 피드백을 받은 사람에게는 그가 그 정보를 사용할 것인지 또는 안할 것인지, 또 만약 사용한다면 그것을 어떻게 사용할 것인지에 대한 선택의 자유가 주어져야만 한다. 상대방에게 변화되어져야만 한다고 말하는 것은 당신 자신의 행동기준을 상대방에게 강요하는 것이 된다. 그가 이러한 부담에 대해서 방어적으로 반응하게 될 수도 있겠고, 또 이러한 피드백은 사용하지 않을 수도 있게 된다.

상대방에게 그의 행동의 결과 또는 그것에 대한 자신의 반응을 솔직히 이야기해 주는 과정을 피드백feedback이라고 한다. 이와 같은 피드백을 통하여 사람들은 자기가 다른 사람들에게 어떠한 영향을 미치고 있는지를 알 수 있게 된다.

그런데 이 피드백의 기술은 잘못 사용될 때 자칫 상대방의 기분을 상하게 하는 악영향을 미치기 쉽기 때문에 조심해야 한다. 그러나 효과적으로 사용된다면 상대방의 행동을 변화시킬 수 있는 강력한 무기가 될 수 있다.

5) 피드백 연습

Study Check

★ 바람직한 피드백으로 바꾸어 보시기 바랍니다.

① 하라는 것은 안하고 엉뚱한 짓만 하고 있나?
② 그러려면 차라리 집에 가서 애나 봐라.
③ 도대체 이걸 일이라고 하고 있나?
④ 이제까지 도대체 뭘 배웠니?
⑤ 어떻게 꼭 시켜야만 일을 하니?
⑥ 왜 그렇게 앞뒤가 꽉 막혔지?
⑦ 고생문이 훤하다.
⑧ 지금까지 도대체 뭘 하고 이 모양이니?
⑨ 무슨 일이 있어도 마감시간만은 꼭 지키라고 했는데, 이제 와서 딴 소릴 하면 어떻게 하니?
⑩ 너는 쓸데없는 말이 많은 것 그게 탈이야.

6) 나-메시지로 자기 노출하기

자기노출은 어떤 일이나 사람에 대한 자신의 경험이나 생각 · 감정을 들추어내는 것을 말한다. 대인관계 또는 상담관계에서 관리자는 부하에게 자기 자신에 관한 것을 드러냄으로써 부하로 하여금 그의 속마음이나 경험을 보다 깊이 있게 드러낼 수 있도록 촉진할 수가 있다. 관리자는 현재의 부하문제와 관련하여 자기도 과거에 그와 비슷한 경험을 한 적이 있다면 그 때 어떻게 했으며, 왜 그렇게 했는지에 대해서 이야기해 줌으로써 상호 이해의 폭을 넓힐 수가 있다. 효율적인 관리자는 가면을 쓰고 부하를 대하지 않는다. 오히려 그는 자신의 경험을 이야기해 줌으로써 독특한 자신의 인간으로서의 면모가 허심탄회하게 부하에게 알려질 수 있도록 해야 한다. 그 결과 부하는 관리자의 인간으로서의 진면목을 쉽게 파악할 수가 있다.

예 부　하: 부장님 이번 주말까지 보고서를 작성해서 이사님께 결재를 받으셔야 되는데, 이렇게 다른 일이 자꾸 생겨서 신경이 크게 쓰이시겠습니다.

관리자: 글쎄, 누가 아니랍니까. 사실 요즈음 같으면 하루 24시간이 모자랍니다. 솔직히 말해서 혹시 날짜를 못맞출까 싶어서 신경이 너무 쓰이고 그래서 불안하기도 해요.

부　하: 저희들은 과장님에 대한 불만이 많습니다.

관리자: 무슨 뜻으로 그런 이야기를 하는지 모르겠지만 당황스럽군요. 그리고 궁금합니다. 무슨 이야기인지 말해 보세요.

부　하: 저는 요즈음 위장에 탈이 났는지 밥도 못먹겠고 소화도 안 되고 하여 지내기가 몹시 거북하군요.

관리자: 어쩐지 안색이 안 좋아 보이더니 그런 일이 있군요. 사실 저도 작년만 하더라도 속이 안 좋아 고생을 많이 했었죠. 병원에도 가보고 좋은 약도 먹어 봤는데 잘 안들더군요. 그때는 만사가 귀찮아지더군요.

7) 자기노출의 유의점

관리자가 자기노출을 하는 경우에 자칫 잘못하면 은근히 부하를 설득하거나 회유하려 한다는 인상을 심어줄 우려가 있다. 그렇게 되면 선의로 시작된 관리자와 부하의 관계가 오히려 악화되어 더 이상 관계가 유지되지 못하여 문제해결은 커녕 새로운 문제가 초래될 수 있다. 그러니까 관리자는 부하의 문제와 관련된 자신의 과거 경험을 이야기할 때 신중해야 한다. 가능하다면 자신의 문제해결방식을 고집하거나 강요하는 듯한 느낌을 주지 말아야 할 것이다. 그렇게 하기 위해서는 일차적으로 자신의 문제해결방식에 대한 언급은 자제하고 부하가 그것에 대해 질문할 때 추가적으로 말해주는 방법이 바람직 할 것이다.

예 부　하: 저는 요즘 왠지 살맛이 안납니다. 회사에 와봐야 아침부터 밤늦게까지 일만 하고…… 그렇다고 누가 알아주는 사람도 없습니다. 집에 가봐야 매일 보는 마누라에게 시달리기만 하니…… 도대체 왜 사는지 모르겠어요.

관리자: 나도 당신과 같은 나이 때 그런 적이 있었어요. 그때는 주위의 사람들이 다 보기가 싫고, 회사도 귀찮고, 돈도 귀찮아 어디론가 훌쩍 떠나고 싶더군요. 아마 당신의 심정이 그 때의 나와 같은가보죠.

부　하: 그러면 부장님은 그 때 어떻게 하셨나요?

관리자: 글쎄요. 나의 경험이 당신에게도 해당될는지 모르겠는데, 그러니까…… 그런 식으로 한동안 지내다가 도저히 이래서는 안되겠다 싶어 무엇인가 인생의 새로운 전기를 가져야겠다고 생각하여 친구의 권유도 있고 해서 종교를 믿게 되었지요. 다행이 그 덕분에 차츰 정신을 차리고 생활에 적응할 수가 있었어요.

8) 가장 적절한 자기노출

Study Check 가장 적절하게 '자기노출'을 한 반응은 어떤 것입니까?

정말 이럴 수는 없습니다. 제가 미스터 신보다 못한 게 뭐가 있습니까?
더구나 저는 3년째 진급에서 누락되고 있지 않습니까?
이번에 또 지급하지 못하면 이젠 영영 가망이 없는 것이 아닙니까?
차라리 회사를 그만두라고 하는 것이 낫지 이건 해도 너무합니다.
일할 때 어려운 일은 모두 저에게 맡기고 승진할 때는 엉뚱한 사람을 먼저 시키고, 정말 이래도 되는 겁니까?

① 자네는 항상 그런 태도가 문제야. 지금도 회사의 결정을 순순히 받아들이려 하지는 않고 불평 · 불만만 하지 않는가?

② 자네는 미스터 신을 욕하지만 그 사람의 태도를 배울 바가 있다고 생각하네, 즉 자네는 열심히 일하고 유능한 사원이지만, 대인관계에서 마찰이 너무 많아. 한마디로 유능한 사원이지만, 유능한 관리감독자가 되려면 먼저 인간관계가 좋아야 하네.

③ 그렇게 생각한다면 몹시 억울하게 생각되겠는데, 하지만 세상살이가 다 그런 건데 어쩌나.

④ 자네는 그렇게 생각하더라도 남들은 다르게 볼 수도 있지 않겠는가?

⑤ 또 쓸데없는 소리하고 있네. 누가 자네더러 회사를 관두라고 했나. 더구나 직장생활 하다 보면 승진이야 빠를 때도 있고, 늦을 때도 있지. 자네라고 항상 남들보다 빨라야 한다는 법은 없지 않은가? 내가 자네라면 그렇게 생각하지는 않겠네.

⑥ 지금 심정이야 오죽하겠나. 마치 인생의 패배자가 된 기분이 아니겠나. 나도 고시에 6번째 떨어져 본 경험이 있는데, 아마 자네의 심정이 그 때의 내 심정과 비슷하겠지. 차라리 죽어 버리고 싶더군. 그리고 온 세상사람이 다 나를 비웃는 것 같고.

⑦ 겪어 보지 않고서야 어떻게 지금 그 심정을 이해된다고 할 수 있겠나. 나도 경우는 좀 다르지만 대학입시 때 모두들 ○○대에 틀림없이 된다고 했는데, 막상 발표를 보니 떨어졌잖아. 그 때의 내 심정으로 미루어 봐서 자네의 심정을 짐작하는 거지.

⑧ 몹시 견디기 어렵겠지. 그렇다고 좌절은 해서는 안 되지. 가장 나쁜 것은 지고 좌절해 버리는 일일세. 용기를 내게.

⑨ 막상 사표라도 내고 싶겠지. 그런데 자네가 보기에 나는 어떤가? 남보다 먼저 승진만 해 온 사람 같은가? 실은 나도 신입사원 때는 동료들보다 4년이나 늦게 진급이 되었지. 그 때는 낙오자가 된 기분이더니, 살아 보니 먼저 승진하는 것이 반드시 좋은 것만은 아니더군. 일찍 올라가는 녀석들이 결국은 일찍 회사를 떠나게 되더군.

⑩ 이번에는 결정이 난 일이니 도리 없지 않은가? 그리고 내년에는 꼭 되도록 노력해 보세.

5 커뮤니케이션 다섯번째 비밀: 논리적으로 말하기

1) 정확하고 올바르게 전달하려면

상대방에게 나의 뜻을 전달하기란 무척이나 어렵다. 그냥 친구들과 하는 이야기와 비즈니스 혹은 사업상 파트너나 고객을 설득하기란 쉬운 일이 아니다. 올바른 판단을 하고, 생각이 다른 사람들과 의견을 교환하며, 입장이 다른 사람과는 토론을 하고, 자신의 의사를 상대방이 받아들여야 성공할수 있다. 그러기 위해서는 어떤 상대라도 나의 뜻을 정확하고 올바르게 전달시켜 줄 방법이 필요하다.

Study Check

커뮤니케이션의 주요 포인트

- 듣는 사람의 이해도를 확인하면서 전달해야 한다.
- 상대에게 이해되는 용어와 표현방법을 쓴다.
- 한꺼번에 이것저것 많은 것을 전달하지 않는다.
- 많은 것을 전달할 때에는 중간중간 지금까지 전환 내용을 확인한 후 다음 차례로 진행한다.
- 전달에 관해 제법 연구를 했다 하더라도 상대의 이해 정도를 확인하지 않고 전화는 경우에는 뜻밖에 정확하게 전달되지 않는 경우가 많다.
- 부분적인 설명부터 먼저하는 것은 소용없다. 우선 전체상을 설명하고, 다음에 부분을 설명한다.
- 상대의 입장에서 설명하지 않으면 안된다. 상대가 모르는 것을 전달해야 하는 것이므로 이쪽에서 알고 있는 것을 일방적으로 전달해서는 안 된다.
- 기계적인 전달로는 안 된다. 상대의 흥미나 관심을 알고, 그에 소구하는 식의 전달 방법을 택해야 할 것이다.
- 전하는 측이나 받는 측이나 긴장하고 있으면 좋은 커뮤니케이션이 이뤄질 수 없다.

2) PREP법 활용하기

PREP법이란 Point요점, Reason이유, Example사례, Point요약·결론의 머리글자를 따서 만든 것으로, 말하고자 하는 바를 이 순서에 따라 하는 것이다.

이 방법은 추상적인 내용이나 전체를 포괄하는 넓은 의미의 내용을 구체적 설명이나 사례를 들어 상대방에게 논리적으로 말하는 방법이라 할 수 있다장진한 역, 2007.

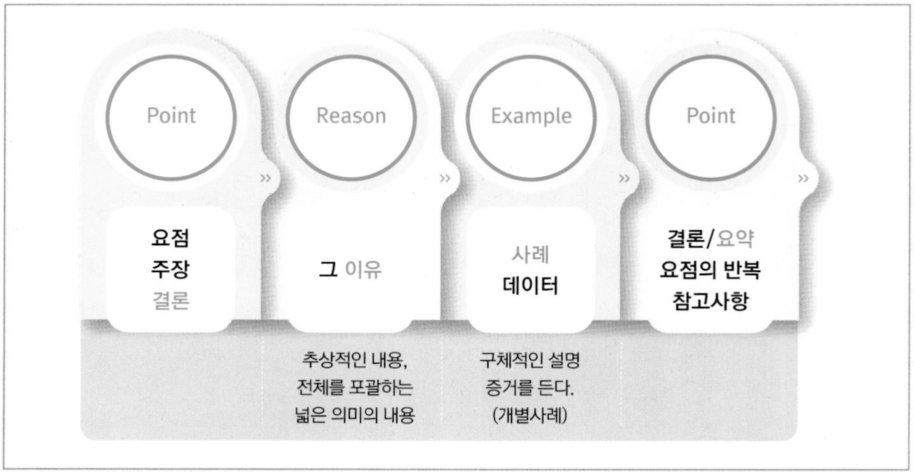

그림 3-4 _ PREP 개요

Study Check

★ 위의 주제를 가지고 PREP법을 사용하여 옆사람에게 설명하시오.

▶ 주제

- 배우자로 어떤 사람이 좋다고 생각합니까?
- 업무상 파트너로서의 가장 중요한 조건을 든다면?
- 직장생활에서 가장 중요한 것은 무엇입니까?
- 나에게 100억원이 주어진다면 어떻게 사용하고 싶습니까?
- 직장인이 갖추어야 할 조건 중에서 가장 중요한 것은?

3) 요점부터 말하지 못하는 이유

① 요점이 뭔지 모르고 있다

ⓐ 요점이 명확해지기 전에 말을 시작해버린 경우

ⓑ 모두 전달하는 것이 중요하다고 생각하는 경우

Study Check **요점 찾기 훈련**

- 평소의 마음자세와 연습
  - 2시간 회의 중에서 가장 중요한 이야기는 무엇이었는가?
  - 오늘 강의 내용 중에서 가장 중요한 내용은 무엇이었는가?
  - 오늘 신문에서 가장 중요한 기사는 무엇이었는가?
- 5초 밖에 없다면 무엇을 말할 것인가?
  - 15초 동안에 가장 말하고 싶은 내용을 말해 버리고, 그 뒤에 시간이 있으면 보충한다는 마음으로 말하면, 저절로 핵심이 먼저 나오게 된다.

② 요점을 결정하지 못하거나 선택하지 못한다.

ⓐ 요점이라고 할 만한 것이 없다.

ⓑ 요점이 여러 개 있어서 선택할 수 없다.

Study Check **요점을 결정하는 기술**

- 일단 '이것은?' 하고 생각되는 것을 말해 본다.
  - 비즈니스의 장에서는 '좋은 의견'만이 높이 평가받는 것은 아니다. 즉답성 또한 능력있는 비즈니스맨이 갖추어야 할 요건이다.
- 하고 싶은 이야기에 우선순위를 둔다.
  - 요점이 여럿인 경우에 가장 중요한 것은 이야기의 우선순위를 결정하는 것이다. 하고 싶은 말이 많으면 일단 그것을 종이에 한 번 써보고, 중요도 순으로 번호를 매겨 보자.

③ 심리적 망설임 때문에 요점을 말하지 못한다.

ⓐ 예의상의 '서론'을 둘 경우

예 연장자 · 상위자가 대부분인 회의에서 "저 같은 신출내기가 외람되게……"

ⓑ 발언에 자신이 없을 경우

예 "이것은 확실한 조사가 아니고, 어디까지나 제가 범위에서 말씀을……"

- 시간낭비, 책임감 없는 발언이라는 평가를 받을 수 있다.

반드시 겸손을 표하고 싶다면, 마지막에 요점을 보충하는 형태로 말하라!

예
- ○○분야의 산업확장은 아직 시기상조라고 생각합니다…….
- 제 생각은 이상입니다만, 충분히 조사한 것은 아니므로 많은 지도를 부탁드립니다.

ⓒ '부탁'처럼 하기 어려운 말을 할 경우: 발언의 목적이나 결론이 '상대에 대한 의뢰나 요구'일 때는 단도직입적으로 요점부터 말하기는 어렵다.

요점을 바로 꺼내지 않는 편이 나은 경우

- 상대에게 부담이 되는 부탁일 때

예 3일 정도만 납기를 연장 주십시오. 담당자가 갑자기 아파서 작업이 일부 지체되었습니다.

→ 담당자가 갑자기 아파서 작업이 일부 지체되었습니다. 3일 정도만 납기를 연장해 주십시오.

- 상대의 뜻에 부합하지 않는 답변이나 생각을 말할 때

예 오늘은 안돼. 선약이 있어

→ 오늘은 선약이 있어서 안돼

- 공동의 이해가 없는 사안을 전할 때

예 이번 사양은 A형에서 B형으로 바꿀 거야. 고객으로부터 어제 갑자기 변경해 달라는 연락이 왔어.

→ 어제 고객으로부터 귀찮은 부탁을 받았어. 갑작스레 사양을 A형에서 B형으로 바꾸고 싶대.

4) 어떻게 말해야 할까?

1 서두의 'Ponit'를 이끄는 어구

① 저는 ~입니다찬성입니다, 반대입니다.

② 저는 ~하는 편이 좋다고 생각합니다.

③ 저는 ~해야 한다고 생각합니다.

④ 결론부터 말씀드리면 ~입니다.

⑤ 제가 여기서 말씀 드리고 싶은 것은 ~입니다.

⑥ 가장 중요한 것은 ~입니다.

⑦ 제일 먼저 말씀드리고 싶은 ~입니다.

2 'Reason'을 이끄는 어구

① 왜냐하면 ~이기 때문입니다.

② 그것은 ~이기 때문입니다.

③ 그 이유는 ~입니다.

④ 그것은 ~라는 이유에 의합니다.

3 'Example'을 이끄는 어구

① 예를 들면

② 구체적으로 말씀드리면

③ ○○의 경우 보면

④ 이것은 ○○의 경우입니다만

⑤ 만약 ○○라고 합시다. 그러면

⑥ 그런데 여기서 ○○에 대해 생각해 봅시다.

4 마무리 'Point'를 이끄는 어구

① 이상과 같은 점에서

② 결론적으로

③ 다시 말씀드립니다만

④ 마지막으로 말씀드리고 싶은 것은

⑤ 여차여차하여 여러분이 ~해 주셨으면 합니다.

⑥ 꼭 ~합시다.

5) PREP법 활용

Study Check

★ 문제: 좋아하는 동물은 무엇입니까?

Pont	저는 개를 좋아합니다.	주어진 질문의 요점(답)을 말함
Reason	개는 머리가 좋고, 인간에게 도움이 되기 때문입니다.	시간에 따라 적절한 분량의 이유를 적시
Example	예를 들면, 안내견 · 보청견 · 치료견, 그리고 경찰견과 마약수사견 등 다양한 분야에서 활약하는 개가 있습니다.	가급적 생생하고 구체적이며 친근한 사례
Point	이처럼 도움이 되므로 나는 개를 좋아합니다.	마무리(결론 · 요약, 요점반복, 참고사항)

6) PREP 실습

Study Check

★ 주제:

Pont		주어진 질문의 요점(답)을 말함
Reason		시간에 따라 적절한 분량의 이유를 적시
Example		가급적 생생하고 구체적이며 친근한 사례
Point		마무리(결론 · 요약, 요점반복, 참고사항)

CHAPTER

04

문제해결 Communication

01 문제해결을 위한 기술

1 문제의 소재와 해결기술

수용 영역	부하직원의 문제영역	당신이 수용할 수 있는 행동이나 부하직원에게는 문제가 있음을 나타내는 영역	부하직원 스스로가 문제를 해결할 수 있도록 도와주는 기술들
	문제없는 영역	당신이 수용할 수 있는 행동들이면서, 동시에 상대방에게도 문제가 되지 않는 것들	문제가 없고 좋은 관계를 더욱 증진시킬 수 있는 말과 기술들
불수용 영역	당신 자신의 문제영역	당신 자신이 수용할 수 없는 상대방의 행동들	상대방의 행동이 당신 자신에게 문제시될 때 그 상황을 해결하는 기술들

2 문제의 소재파악 실습

Study Check

★ 다음의 상황을 읽고, 만약 그 행동이 상대방이 가진 문제라고 생각되면 '부하직원의 문제'란에 적고, 행동이 당신 자신의 문제라고 생각되면 '당신의 문제'란에 기입하시오. 그리고 당신이나 부하직원 그 누구에게도 문제가 되지 않는다면 '문제없음'란에 적으십시오.

① 직원이 상사로부터 결재를 받지 못할까봐 두렵다고 말한다.
② 관리감독자 카운슬링과정에 참여하려는 것에 대해 당신 후배가 빈정댄다.
③ 그 작업자는 출근부에 날인하는 것을 자주 잊어 버린다.
④ 직원들이 사무실에서 시사문제로 장시간을 보낸다.
⑤ 근무시작이 되었는데도 그 직원은 신문을 읽고 있다.
⑥ 그 직원은 동료들이 자기를 소외시킨다고 불평을 한다.

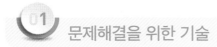

⑦ 그 직원은 괜히 시간을 보내다가 퇴근버스를 놓치고는 당신의 차를 태워 달라고 여러번 조른다.

부하직원의 문제	문제 없음	당신 자신의 문제

1) 상대방이 문제를 소유한 경우

Study Check

① 상대방이 문제를 갖고 있다는 단서는?

언어적	비언어적

② 평소 나의 반응은?

- 걸림돌: 무시 메시지, 해결 메시지
- 해결기술: 공감하기

★ 12가지 장애반응

- 명령·지시·강요: "이것을 해야 하오," "이것을 하지 마시오" 등
- 경고·권고·협박: "만약 하지 않으면 그 땐……," "……하는 게 좋을 거요, 그렇지 않으면 ……" 등
- 훈계·설교: "당신은 마땅히 이것을 해야만 합니다," "……하는 것이 당신의 책임이오" 등
- 충고·제안 해결방법 제시: "내가 당신이라면……," "내가 당신에게 충고하겠는데 ……" 등
- 논리적인 설득·강의·논쟁: "당신이 왜 틀렸나 하면……," "문제점은……," "경험에 의하면……하오" 등
- 판단, 비판, 비난: "당신은……를 신중히 고려하지 않고 있어," "당신의 생각은 옳지 않소" 등
- 칭찬·동의·아첨하기: "당신은 항상 좋은 판단을 하는 군요," "맞아, 그 친구 말은 터무니가 없어" 등
- 욕설·헐뜯기·조롱: "이 바보야," "그래. 너 잘 났구나," "당신은 생각이 흐리멍텅한 사람이오" 등
- 해석, 분석, 진단: "무엇이 잘못되었느냐 하면……," "당신에게 진정으로 필요한 것은 ……" 등
- 안심시키기·동정·위로: "여보게 걱정하지 말게," "기분이 좀 나아질거야," "제발 용기를 내" 등
- 탐색·질문·심문: "왜……", "누가……", "무엇을……", "어떻게……"
- 주의전환·농담·빈정거림: "우리 다른 즐거운 일에 대해 말해 볼까……," "점심식사나 하고 그런 일은 모두 잊어 버립시다" 등

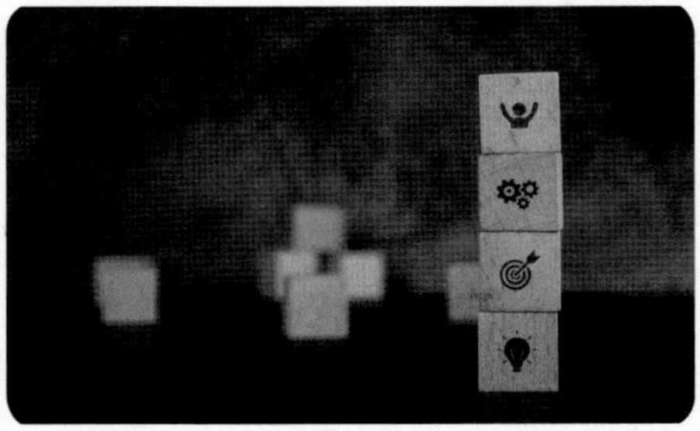

2) 자신이 문제를 소유한 경우

Study Check

① 당신의 마음을 상하게 하는 상대방의 행동은?

언어적	비언어적

② 평소 나의 반응은?

- 걸림돌: 너－메시지
- 해결기술: 나－메시지

02 상호 갈등을 겪고 있을 때

1 갈등Conflict이란?

서로 상충되는 두 가지 욕구나 기회 혹은 목표가 부딪혔을 때 일어나는 심리적 부적응상태이다.

갈등은 하나를 포기하거나 하나를 선택하게 되면 갈등은 사라지게 된다.

★ **평소 내가 경험한 갈등내용·갈등원인·처리·해결방식은?**

- 가정에서 또는 사회에서

Study Check

갈등원인 진단

★ 다음의 설문은 다양한 개인수준의 갈등원인 중에서 어떠한 요인이 귀하에게 갈등을 일으키는 원인이 되는가를 알려 주는 내용입니다. 각 문항에서 설명하는 상황이 얼마나 자주 갈등의 원인이 되는지 답하십시오. 다음의 각 상황을 설명하고 있는 가장 적당한 숫자를 적어 주십시오.

1. 전혀 갈등의 원인이 아니다.
2. 거의 갈등의 원인이 아니다.
3. 가끔 갈등의 원인이다.
4. 때때로 갈등의 원인이다.
5. 자주 갈등의 원인이다.
6. 통상 갈등의 원인이다.
7. 언제나 갈등의 원인이다.

① 나의 업무책임과 작업목표는 불분명하다. (　　　)

② 나는 불필요한 작업 또는 프로젝트를 한다. (　　　)

③ 나는 밤에 집으로 일거리를 가지고 가거나 주말에도 일에 붙잡혀 있다. (　　　)

④ 내게 요구되는 업무의 질이 부당하다. (　　　)

⑤ 이 조직에는 내가 승진할 적당한 기회가 부족하다. (　　　)

⑥ 나는 다른 종업원들을 개발시켜야 하는 책임이 있다. (　　　)

⑦ 누구에게 보고를 받아야 하고 누구에게 보고를 해야 하는지 불분명하다. (　　　)

⑧ 나는 나의 상사와 부하 사이에서 곤란을 겪는다. (　　　)

⑨ 나는 나의 업무와 관계가 먼 중요하지 않은 회의에 참석하느라 너무 많은 시간을 보낸다. (　　　)

⑩ 내게 할당된 업무들은 때때로 너무 어렵거나 복잡하다. (　　　)

⑪ 내가 승진하기를 원한다면, 다른 조직에서 일자리를 찾아야 한다. (　　　)

⑫ 나는 직무를 수행하기 위한 권한이 부족하다. (　　　)

⑬ 나는 나의 부하들을 상담해야 하는 책임이 있으며, 그들의 문제를 해결하도록 도와주어야 한다. (　　　)

⑭ 공식적인 명령체제가 확고히 되어 있지 않다. (　　　)

⑮ 나는 동시에 수행할 수 없는 많은 프로젝트나 업무할당에 대한 책임이 있다. (　　　)

⑯ 작업들은 점점 더 복잡해지는 것 같다. (　　　)

⑰ 나는 이 조직에 머무르면서 나의 경력이 퇴보하고 있다. (　　　)

⑱ 나는 다른 사람의 안전이나 복리에 영향을 주는 조치를 취하거나 의사결정을 한다. (　　　)

⑲ 나는 내게 기대되는 것을 완전하게 이해하지 못한다. (　　　)

⑳ 내가 수행하는 직무는 다수가 아닌 소수사람에 의해서만 용인되는 일이다. (　　　)

㉑ 나는 평상시에 할 수 있는 것보다 더 많은 일을 해야 한다. (　　　)

㉒ 조직은 내가 제공하는 나의 기술과 능력보다 더 많은 것을 내게 요구한다. (　　　)

㉓ 나는 나의 업무를 하면서 새로운 지식이나 기술을 배우고 기를 기회가 거의 없다. (　　　)

㉔ 이 조직에서 나의 책임은 일에 대한 것보다 사람에 대한 것이 더 많다. (　　　)

㉕ 나는 조직 전체의 목표에 나의 업무가 기여하는 부분을 잘 모르겠다. (　　　)

㉖ 나는 둘 혹은 그 이상의 사람들로부터 상충되는 요구를 받는다. (　　　)

㉗ 나는 일하는 중에 쉴 틈이 없다. (　　　)

㉘ 나는 임무를 잘 수행하기 위해 훈련이나 경험이 충분하지 않은 편이다. (　　　)

㉙ 나의 경력은 정체된 상태에 있다. (　　　)

㉚ 나는 다른 사람의 미래(경력)에 대한 책임이 있다. (　　　)

★ **점수계산방법**

각 문항들은 특정한 개인수준의 갈등요인과 관련이 있습니다. 문항번호와 적절한 영역은 아래에 있습니다. 각 영역의 문항번호에 해당하는 점수를 쓰고 합산하십시오.

- 역할모호성

  ①, ⑦, ⑬, ⑲, ㉕　　(　　) + (　　) + (　　) + (　　) + (　　) = (　　)

- 역할상충

  ②, ⑧, ⑭, ⑳, ㉖　　(　　) + (　　) + (　　) + (　　) + (　　) = (　　)

- 역할과중(양적)

  ③, ⑨, ⑯, ㉑, ㉗　　(　　) + (　　) + (　　) + (　　) + (　　) = (　　)

- 역할과중(질적)

  ④, ⑩, ⑯, ㉒, ㉘　　(　　) + (　　) + (　　) + (　　) + (　　) = (　　)

- 경력개발

  ⑤, ⑪, ⑰, ㉓, ㉙　　(　　) + (　　) + (　　) + (　　) + (　　) = (　　)

- 사람에 대한 책임

  ⑥, ⑫, ⑱, ㉔, ㉚　　(　　) + (　　) + (　　) + (　　) + (　　) = (　　)

각 갈등원인영역의 총점은 개인에 따라 물론 다르게 나타난다. 그러나 일반적으로 아래 나와 있는 지침이 각 점수에 대한 예측을 제공한다.

- 총점이 10 이하: 낮은 갈등원인지표
- 총점이 10~24: 중간 정도의 갈등원인지표
- 총점이 25 이상: 높은 갈등원인지표

2 갈등해결방법

- 갈등해결의 승-패적 방법
  - 자기가 지고 상대가 이기는 방법
  - 자기가 이기고 상대가 지는 방법
- 갈등해결의 승-승적 방법
  - 자기와 상대가 모두 만족하는 방법

훌륭한 리더는 그 조직체의 욕구와 집단구성원들의 욕구를 동시에 충족시킬 수 있어야 한다. 이를 위해서는 당사자들의 창의적 사고에 의해 서로가 만족할 수 있는 해결안을 찾아가는 개방적 접근이 필요하다. 이를 위한 대안으로서 상호 간에 욕구를 충족시키는 해결방법이 승-승적 방법이다.

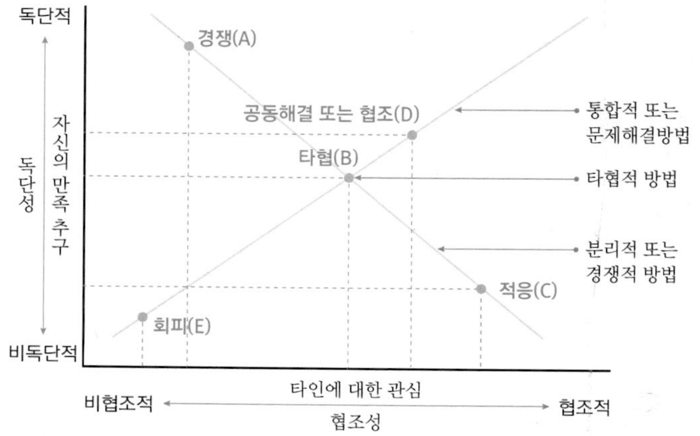

©www.hanol.co.kr

그림 4-1 _ 토마스와 킬만(Thomas & Killmann)의 갈등관리 기본양식

표 4.1 갈등해결모형의 활용

갈등해결 모형	• 적절한 상황
경쟁	• 빠르고 결정적인 행동이 중요한 경우(예건대, 비상사태) • 보편화되지 않은 행동의 실현이 요구되는 중요한 문제(issue)에 직면할 경우(예컨대, 가격인하, 보편화되지 않은 규칙의 강요) • 자신이 옳다고 믿고 있을 때 조직의 이익에 중요한 문제를 처리할 경우 • 비경쟁적인 행동의 이점을 취하는 사람에 반대하는 경우
협조	• 양측의 관심이 너무 중요하여 절충할 수 없을 때 통합적인 해결책을 찾기 위해 • 서로 상이한 관점을 지닌 사람들의 통찰력을 결집시키기 위해 • 여러 관심이 일치에 이르도록 혼합함으로써 몰입하게 하기 위해 • 어떤 관계성 때문에 몰입되고 있다는 느낌을 통해 함께 일하기 위해

회피	• 문제가 되고 있는 것이 하찮은 것이거나 더 중요한 문제가 절박한 때 • 자신의 관심을 만족시킬 기회가 없다고 지각할 때 • 있을 수 있는 혼란과 방해가 문제를 해결할 때 얻을 이익보다 비중이 클 때 • 사람들로 하여금 냉정을 찾고 새로 전망하도록 하기 위해 • 정보의 수집이 직접적인 결정보다 더 요구될 때 • 다른 사람들이 갈등해결을 보다 효과적으로 할 수 있을 때 • 그 문제가 다른 문제가 접근되고 있거나 다른 문제의 징후로 보일 때
적응	• 자신이 틀림을 알고 듣는 유리한 입장에 서서 자신의 합리성을 보여주는 일을 용납할 때 • 문제가 자신에게 보다 다른 사람들에게 더욱 중요하여 타인을 만족시키고 협동을 유지하려 할 때 • 이후의 문제를 위해 사회적 신용을 얻기 위해 • 보호와 안정이 무엇보다 중요할 때 • 부하들로 하여금 잘못을 저지르면서 배워서 개발하도록 하기 위해
타협	• 목적은 중요하나 노력을 바칠 가치가 없을 때 • 같은 세력을 갖고 있는 상대방이 상호 배타적인 목적을 갖고 있을 때 • 복잡한 문제를 감정적으로 끝내기 위해 • 시간적 압력 때문에 방편적인 해결에 이르기 위해 • 협동 또는 경쟁이 비성공적인 경우의 뒷받침(backup)으로

3 갈등관리방법에 관한 설문지

Study Check

★ 다른 사람의 의견과 자신의 의견이 다르다는 것을 알았을 때, 귀하는 어떻게 반응 또는 행동하시겠습니까? 아래의 문항에서 해당하는 곳에 '✓'하시기 바랍니다.

설문 번호	설문내용	항상 그렇다	그런 편이다	중간 정도	그렇지 않은 편이다	아니다
1	나는 나의 목적을 확실하게 달성한다.	5	4	3	2	1
2	나의 주장을 이해시키려고 노력한다.	5	4	3	2	1
3	다른 사람의 주장과 교환하여 나의 주장을 일부 포기한다.	5	4	3	2	1
4	다른 사람들과 차이점들이 있다고 해서 항상 우려해야 할 것을 아니라고 생각한다.	5	4	3	2	1
5	다른 사람과 나 사이의 중간적인 입장을 찾으려고 노력한다.	5	4	3	2	1
6	타협하는 과정에 다른 사람의 희망사항을 고려하려고 노력한다.	5	4	3	2	1
7	나는 나의 의견과 장점과 논리성을 보여 주려고 노력한다.	5	4	3	2	1
8	나는 문제를 해결하기 위해 직접 토론하는 편이다.	5	4	3	2	1
9	나는 우리들 모두의 이해득실이 일치하는 점을 찾으려고 노력한다.	5	4	3	2	1
10	다른 사람과의 차이점을 없애려고, 즉각적이고 공개적으로 노력한다.	5	4	3	2	1
11	나는 가급적이면 불쾌한 일이 발생하는 것을 피하려 한다.	5	4	3	2	1
12	나는 다른 사람의 감정을 달래주며 우리들의 관계를 유지하려고 한다.	5	4	3	2	1
13	나는 모든 관심사와 문제들을 즉각적이고 공개적으로 해결하려고 시도한다.	5	4	3	2	1
14	나는 말썽을 일으킬 가능성이 있는 업무는 피한다.	5	4	3	2	1
15	나는 다른 사람의 감정을 상하지 않으려고 노력한다.	5	4	3	2	1

• 갈등관리방법 테스트 평가지

갈등관리방식	문항			합계점수
경쟁방식	1	2	7	
협조방식	8	10	13	
타협방식	3	5	9	
회피방식	4	11	14	
적응방식	6	12	15	

4 사례연구: 죄수의 딜레마

친구관계에 있는 두 사람이 범죄를 공모하다가 붙잡혀서 경찰서에서 따로따로 심문을 받게 되었다. 이들은 사실 지난달에 모 은행을 털어서 은행원 두 명을 살해하는 흉악범죄를 저지른 일이 있기 때문에 그것이 탄로날까봐 전전긍긍하고 있다. 곤경에 처하게 된 두 범죄용의자는 서로 격리된 상태에서 고위층으로부터 각각 다음과 같은 제안을 받았다.

만약 당신이흉악범죄를 자백하고, 당신의 친구가 자백하지 않는다면 당신은 바로 석방이 되고 친구는 종신형을 받게 된다. 만약 둘 다 자백한다면 각각 10년형을 받게 된다. 만약 둘 다 자백하기를 거부한다면 각자 3일의 구류처분을 받게 된다.

다음 표는 이 제안에 대해 두 죄수들의 선택과 선택한 결과를 나타낸 것이다.

친구 \ 당신	자백함	자백 안함
자백함	• 당신: 10년형 • 친구: 10년형	• 당신: 종신형 • 친구: 석방
자백 안함	• 당신: 석방 • 친구: 종신형	• 당신: 구류 3일 • 친구: 구류 3일

- 자백하지 않는 것은 협력적 선택: 둘 다 자백하지 않는다면 당신과 친구는 서로 상호 이익을 극대화 할 수 있다.
- 자백하는 것은 비협력적인 선택: 당신이 자백을 한다면 자신만의 이익을 위해 친구를 배신하는 것이다.

<생각해 봅시다>

두 당사자가 죄수의 딜레마에 빠지게 된 원인은 무엇인지 말해보시오.

우리 주변에서 실제로 발생하는 죄수의 딜레마 사례를 한 가지 이상 제시해 보고 갈등하는 당사자가 최선의 대안을 선택함으로써 죄수의 딜레마를 극복할 수 있는 방안에 대해 말해보시오.

<숨은 이야기>

당신이 두 죄수들 중 한명이라면 어떻게 할 것인지를 한번 생각해 보자. 당신에게 있어서 최선의 결과는 석방되는 것이다. 그렇게 되기 위해서는 당신이흉악범죄를 자백하고 모든 죄를 친구에게 덮어 씌워버리고 친구는고맙게도 침묵을 지킨다면 가능하리라는 것을 알 수 있다. 당신이 종신형을 받게 될지, 석방될지, 아니면 구류 3일만 살고 석방될 수 있을지 결과는 당신과 당신 친구의 결정에 달려 있다. 그런데 불행하게도 당신의 친구 또한 똑같은 선택을 고려하고 있을 것이다. 답답한 것은 자백할지 여부를 결정하기 전에 친구와 의논할 수가 없다는 것이다.

죄수의 딜레마의 핵심은 두 죄수 모두는 최선의 결과를 선택하지 않는 경향이 있다는 것이다. 당신 친구는 이기적이기 때문에 당신을 석방시키기 위해 자신의 종신형을 감수하는 희생을 치르지 않을 것이다. 당신도 마찬가지로 이기적이므로 친구를 풀어주기 위해 종신형을 받아들이지 않을 것이다. 그런데 두 사람 모두에게 최선의 결과를 가져다주는 방법이 있기는 하다. 그것은 두 죄수 모두가 입을 다무는 것이다. 이것은 협조적인 선택이므로 이 경우 모두는 3일 간의 구류만 살고 석방된다. 상호 이익이 극대화되는 최선책이라고 할 수 있다. 그런데 문제는 두 사람이 서로 격리되어 이러한 선택을 하자고 의논할 수가 없다는 것이다.

내가 자백하지 않을 때 친구도 자백하지 않을 것이라고 믿을 수가 없다상대방에 대한 신뢰결핍. 따라서 비록 최선책이 있기는 하지만 그것은 거의 불가능해 보이기 때문에 두 사람은 차선책을 선택할 가능성이 있다. 차선책이란 최악의 경우, 나 혼자서 모든 죄를 뒤집어쓰고 종신형을 살게 되는 상황만큼은 피해야 한다는 것이다. 가능한 나의 행동은 친구가 자백하지 않기를 기대하면서 내가 먼저 은행살인사건을 자백해 버리는 것이다.

불행하게도 친구도 나와 같은 생각을 하고 있었다. 그도 침묵하고 싶었지만 혹시 내가 배반하면 자기만 일방적으로 큰 손해를 보게 되는 상황이기 때문에 내가 자백을 안 하리라는 희망적인 기대를 하면서 흉악범죄를 자백하게 된다. 두 용의자는 상호 이익이 극대화 될 수 있는 최선의 대안이 있음에도 불구하고 어리석게도 차선책을 선택하게 되고, 결국 두 사람은 똑같이 10년형을 살게 된다는 것이 죄수의 딜레마 내용이다.

죄수의 딜레마가 발생하는 근본적인 이유는 상대방에 대한 신뢰trust가 결핍되어 있기 때문이다. 사람에 대한 신뢰가 무너지면 최선의 대안을 공동으로 모색한다는 것이 불가능하다는 교훈을 주고 있다. 과거 미국과 소련이 군비축소를 소리 높여 외쳤지만 결국 상대방에 대한 근본적인 신뢰가 결핍되어 있었기 때문에 군비축소협상을 하면서도 한편으로는 비밀병기를 계속 만듦으로써 양국의 군비를 계속해서 확장해 갔던 것이다.

5 인간 상호작용의 6가지 형태사례연구

Study Check

★ 아래 제시된 각 상황을 읽고 6가지 형태의 인간 상호작용(승-승, 승-패, 패-승, 패-패, 승, 승-승이 아니면 무거래) 중에서 어느 것인지를 적어 보라.

① 매년 홍길동씨의 회사에서는 '올해의 종업원'상을 주고 있다. 그 상에는 상당한 돈이 함께 주어진다. 그는 그 상을 타기로 작정하고 상금의 용도를 계획한다. 시상식이 점점 가까워 오자 그는 사상위원회로부터 높은 점수를 받을 수 있는 좋은 방법들을 모색해 본다. 그의 행동은 ____________________이다.

② 황진이양이 서경덕씨에게 일과 후에 우편물 처리를 도와 달라고 부탁하였다. 서경덕은 하루 종일 몸이 불편하여 정말 집에 가서 쉬고 싶었으나 다른 사람, 특히 황진이를 실망시키고 싶지 않았다. 그래서 서경덕은 일과 후 황진이와 함께 3시간을 일했다. 서경덕의 행동은 ____________________이다.

③ 전우치의 상사인 김연희는 전우치가 일찍 집에 간 것에 대해 호되게 꾸짖었다. 김연희는 전우치를 나쁘게 평가하는 말만 했다. 김연희의 상호작용은 ____________________였다.

④ 임꺽정의 부하직원은 우편물담당자와 다투었다. 임꺽정은 확실치는 않지만 아마도 그 우편물이 잘못 배달되었기 때문이라고 추측했다. 임꺽정은 자기부하의 행동을 사과하기 위해 우편물담당자에게 전화를 걸었다. 그러나 그는 우편물의 배달문제에 대해서는 전혀 언급하지 않고 사과만 하는 것이었다. 임꺽정의 행동은 ____________________이다.

⑤ 김말순은 특정가격대의 2인용 텐트를 찾고 있었다. 친구의 소개로 등산장비 판매회사로 갔다. 거기서 그녀는 자기가 원하던 텐트를 발견했으나 그녀가 예상한 금액보다 5만원이나 비싼 가격이었다. 판매원이 가격을 깎아 줄 수 없다고 하였으므로 그녀는 다른 곳을 더 돌아다녀 보기로 결정하였다. 김말순의 행동은 ____________________이다.

⑥ 그 팀은 진심으로 강애경이 새로운 고객을 확보한 것에 대해 축하해 주었다. 그녀는 그 실적으로 인하여 회사의 사업에 큰 도움을 주었고, 자신은 더욱더 인정을 받을 수 있게 되었다. 그 팀의 행동은 ____________________이다.

6 승-승적 갈등해결의 자세

갈등은 인간관계 측면에서 불쾌감과 분열을 야기시킬 뿐만 아니라, 업무적인 측면에 있어서도 생산성을 떨어뜨리는 요인이 되고, 심한 경우 막대한 손실을 초래하기도 한다. 그럼에도 불구하고 서로 다른 욕구를 가진 인간의 집합인 조직체에서는 갈등의 발생이 사실상 불가피한 것으로 볼 수밖에 없다갈등의 불가피성.

그래서 갈등 그 자체를 없애기보다는 갈등을 최소화하는 방법과 갈등을 효율적으로 해결하는 방법을 찾아내는 것이 필요하다.

조직에서 관리 · 감독자들이 적절한 기술과 방법을 잘 활용한다면 실제로 어떤 갈등은 피할 수도 있으며, 또 어떤 갈등은 불가피하게 발생한다 하더라도 갈등으로 인한 사태의 악화를 미연에 예방할 수 있다.

갈등해결을 위해서는 앞에서 다룬 기술들이 유용하다.

공감하기기술은 상대방이 자신의 문제를 스스로 해결도록 도와 줌으로써 자신의 갈등이나 상대방과의 갈등을 예방하게 한다. 경청을 통해 나 자신은 상대방에게 관심을 전달할 수 있고, 또 상대방은 자신의 감정을 발신할 수 있으며, 그것이 상대방에 의해 수용됨으로써 갈등을 해소할 수 있게 된다.

또한 나-메시지 기술은 나 자신이 가지고 있는 문제를 상대방에게 왜곡하지 않고 사실 그대로를 전달하게 하므로 상대방이 자신의 행동을 바꾸도록 영향을 미친다.

대부분의 인간관계문제는 이 두 가지 기술을 통하여 해결할 수 있다. 그러나 나-상대방 두 사람이 동시에 충족되지 못한 욕구를 가져 갈등을 일으킬 때는 이 두 가지 기술로는 충분히 해결되지 않는다. 이 경우 필요한 기술이 승-승적 갈등해결방법이다.

Study Check 승 - 승적 갈등해결을 위한 자세

- 협력적 의지를 가질 것
- 목적을 확인할 것
- 높은 차원에서 볼 것
- 의견을 충분히 발표, 검토할 것
- 공감적으로 이해할 것
- 모든 만족할 수 있는 방안을 창조할 것

- 승 - 승적 갈등해결사례가 있으면 적고, 사례를 발표하시오.

7 승-승적 갈등해결 6단계

인간관계에서 '쌍방 모두가 패하지 않는 방법은 없다'는 표현이 더 어울릴지 모른다. 상대방에게 영향을 준다는 것은 더 큰 권력power을 소유하는 것이라고 믿어 왔다. 그러나 그렇게 생각하는 이유의 대부분은 '우리가 승패적 방법에 너무나 익숙해 있다'는 사실을 모르고 있기 때문이다.

1) 단계 1: 문제를 확인하기

① 공감하기와 나 메시지로 효과적인 의사소통이 필요한 단계
② 공감하기를 통해 상대방의 욕구나 문제를 파악하라.
③ 나-메시지를 통해 자신의 욕구나 문제를 정확하게 말하라.
④ 모든 것이 드러나서 확실해지면 함께 합의가 될 수 있는 욕구를 확인해 보라.

2) 단계 2: 해결안 제시하기

① 브레인 스토밍에 의한 창의성이 필요한 단계
② 먼저 상대방이 해결안을 제시하도록 요청하고, 자유롭게 제안하도록 북돋아 주라. 이때 평가하거나 비평하지 말라공감하기 활용.
③ 그 다음 자신의 해결안을 내어 놓아라. 평가나 논의가 되기 전에 가능한 해결안들이 제안되도록 노력하라. '엉뚱한 생각,' 즉 당신이 아무리 엉뚱하다고 생각할지라도 언급된 모든 해결안을 글로 기록해 보라.

3) 단계 3: 해결안 검토하기

① 정직성이 필요한 단계
② 시행하기에 너무 어렵거나 불가능한 해결안은 아닌가, 양측 모두에게 공평한가 등에 대한 정직한 의사를 교환하라. 이럴 때 공감하기를 사용하라.
③ 때때로 이미 나온 해결안을 평가해 가는 과정에서 보다 새롭고 더 좋은 방안이 창출될 수도 있다.

④ 또는 처음의 방안에 대한 수정안이 갑자기 떠오를 수도 있다.
⑤ 여기에서 해결안 검토에 실패하면 만족하지 못한 결과로 끝나게 되거나 잘못 된 해결안이 선택되어 수행하기 어렵게 될 것이다.

4) 단계 4: 해결안 결정하기

① 수행하겠다는 상호 간의 의지가 필요한 단계
② 서로가 하나의 해결안에 합의해야만 한다. 일반적으로 모든 욕구와 그 해결안을 나열해 보면 분명히 좋은 해결안이 드러나게 된다. 상호 간에 수용될 수 있는 해결안을 자유롭게 선택할 때 시행될 가능성이 높다.
③ 결정에 접근하게 되면 모두가 이 해결안을 이해하고 합의했는지를 확인하기 위해 한 번 더 해결안을 진술하고 필요하면 적어 놓아라.

5) 단계 5: 결정안 계획하기

① 해결안 합의 후 그 실행에 관해 의논하는 것이 필요하다. 즉 누가, 언제 무엇을 하는가 등에 대해 구체적으로 역할을 명확히 한다.
② 이때 바람직한 태도는 이 결정이 이행되지 않을 경우에 대한 의문이나 벌칙을 논하기보다 서로가 성실하게 시행할 것을 신뢰하는 것이며, 만일 나중에 합의된 것을 이행치 못하게 되면 바로 그때 나-메시지로 맞닥뜨림을 하라상호 간에 약속을 상기하도록 제안하는 식.

6) 단계 6: 실행 후 평가하기

① 해결안이 바로 최선의 결과를 가져오는 것은 아니다. 이 해결안 결과에 대한 상호 간의 감정을 확인해 볼 필요가 있다. 만약 이 해결안에 문제점이 발견되면 보다 나은 해결안 모색을 위해 근본적인 문제로 다시 돌아가야 한다. 물론 이 때의 수정도 상호 간의 합의에 의해 이루어져야 한다.
② 지나친 의욕으로 결정된 해결안이 있거나 문제점이 드러난 해결안이었을 경우는 언제든지 수정이 가능하다는 개방적인 자세가 중요하다.

승-승적 갈등해결방법의 활용시 고려사항

- 적극적으로 경청하기
- 분명하고 정직한 감정 전달하기
- 타인의 요구에 대한 신뢰 및 존중하기
- 사실과 감정의 변화에 대해 개방적인 태도 갖기
- 무패적 방법이 실패로 돌아가지 않게 하려는 의지
- 미리 준비되었거나 일방적인 해결안 없이 무패적 방법으로 들어가기
- 문제해결방법에 자신의 권력(power)을 적용하지 말기

8 승-승적 갈등해결방법 사례연구

▶ 등장인물

- 장덕수 팀장: 기혼, 37세, 근속 9년

팀원 6명인 기획팀를 맡은지는 2년 6개월째이며, 부문 내의 기획팀의 위상을 반석 위에 올려놓은 장본인으로서 업무에 대한 집착이 매우 강해 상사나 부문장 및 다른 경영층으로부터 두터운 신망을 받고 있으며, 이러한 신망의 상당부분은 2년 전부터 호흡을 맞추어 온 이인수 팀원의 노력이 상당히 기여를 했다. 1주일 전에 인간관계 문제해결과정을 이수했음

- 이인수 팀원: 기혼, 32세, 근속 2년

타사에서 4년간 근무한 후 2년 전에 경력으로 입사하여 현재 과내의 선임팀원으로 기획·분석능력이 탁월하여 과내의 일을 거의 주도하고 있으며, 그러한 그의 모습에 장 팀장은 만족스러워 하는 편임. 그는 이 부서의 선임팀원으로서 조만간 팀장직으로 승진하리라는 설이 퍼져 있을 정도로 엘리트의식이 강하다. 그러나 후배팀원들에게 일을 잘 맡기지 않는 경향이며, 특히 후배팀원인 김영일 팀원의 텃세에 매우 불만스럽게 생각한다.

- 김영일 팀원: 기혼, 31세, 근속 4년 6월

입사 이래 이 부서에서 계속 근무하여 작년 5월 3급 팀원으로 승진하였고, 매우 활동적이고 놀기 좋아하는 부서 내의 인포멀한 리더로 팀원들이 생각하고 있으나, 업무를 기획하고 처리하는 능력은 장 팀장을 안타깝게 한 적이 한두 번이 아니었다.

▶ 문제의 발달배경

근무시간 중에 농담을 나누거나 잡담을 하는 것은 아까운 시간의 낭비라고 생각하는 이인수씨는 말수도 적고, 웬만해서는 동료팀원들과 이야기를 나누는 편이 아니다. 그런데 지난 월요일 팀장이 부재중인 틈을 이용해 시급하게 해결해야 될 과제가 있는 것도 아닌 것 같은데, 과내의 분임조장이자 자칭 터줏대감이라는 김영일씨가 분임조회의를 소집하는 것을 보고 속이 상했으나 애써 참았다. 그런데 분임조 활동을 하는 게 아닌 것 같았다. 과제해결은커녕 무려 1시간 이상이나 잡담을 나누는 것을 보고는 부재중인 팀장을 대신해야 하는 자신의 입장도 있고 하여, 참다못해 "자! 이제 할 만큼 했으면 대충하고, 월요일인데 주간업무나 챙겨 봅시다"라는 이야기를 하자마자, 대뜸 김영일씨가 "이형! 당신이 팀장이요, 잘난 체 그만해요"라고 응수해 왔다. 그 말에 기분이 상한 이인수씨는 "당신도 3급이 되었으니 중견사원답게 행동하시오"라고 일갈하였다. 그러나 김영일씨는 "굴러들어 온 돌이 박힌 돌을 빼내려고 하고 있어. 그렇게 건방지게 하는 게 아니야" 하며 반말로 대들었으며, 몇 명의 과원들은 이 말이 고소하다는 듯이 웅성거리며 낄낄거리는 것이었다.

여태까지 이와 유사한 일을 몇 번 당한 이인수씨는 자존심도 자존심이지만, 후배들에게 이러한 수모를 당하면서 여기에서 근무해야 하나라는 생각이 불쑥 들어 그 길로 자리를 박차고 일어나 퇴근한 이후 이틀 동안 전혀 연락도 없이 결근을 하고 3일째 되는 날 심각한 표정으로 출근하였다.

▶ 사례

장 팀장	(이틀 무단결근한 이인수씨를 보고) 이인수씨 나하고 얘기 좀 나누었으면 하는데……(두 사람은 면담실로 들어 간다).	
장 팀장	표정이 어두운 것을 보니까 뭔가 이인수씨를 괴롭히고 있는 고민거리가 있는 모양인데……	말문열기반응
이인수	(어색하고 긴장된 표정으로) 고민이야 누구나 있는 것 아닙니까?	
장 팀장	과의 선임팀원인 이인수씨가 팀장인 나에게 연락 한 번 없이 이틀 동안 무단으로 출근하지 않아 과의 업무처리가 지연되는 것은 물론, 상사인 내가 무시당한 것 같아서 언짢았고, 한편으로는 무슨 일이 있는 것이 아닌가 염려가 됩니다.	말문을 열게 하는 나-메시지
이인수	죄송합니다.	
장 팀장	나는 이인수씨를 꾸짖으려고 이 자리를 마련한 것은 아닙니다. 평상시에 성실하던 이인수씨가 갑작스럽게 이러한 행동을 할 땐 무슨 일이 있는 것 같이 느끼게 되는군요. 괜찮다면 여기에 대해 좀 더 자세히 알고 싶군요.	말문열기반응
이인수	……	
장 팀장	이인수씨가 아무런 대답도 하지 않는 것을 보니 내가 이인수씨의 고민을 해결하는 데 별 도움이 될 것 같지 않다고 생각하는 것 같군요.	공감하기
이인수	(퉁명스럽게) 그렇지는 않습니다. 변명같습니다만, 제 자신에 대해서 곰곰이 한 번 되돌아 볼 기회를 가지고 싶은 나머지 말씀 못드리고 출근하지 못했습니다.	
장 팀장	음…… 그러니까 뭔가 일이 뜻대로 잘 안 되고 있는 모양이군요.	공감하기
이인수	아무 것도 제대로 되는 것이 없습니다. 그래서 이틀 동안 고심한 것인데, 팀장님께서 저의 고민을 해결하는 데 도움을 주시려면 저를 다른 부서로 전배시켜 주십시오.	
장 팀장	상당한 고심 끝에 얻은 결론이 전배를 원한다는 이인수씨의 말을 들으니, 참 의외군요. 그동안 과에서 근무하면서 힘들고 짜증스러운 일이 무척 많았던가 보군요.	공감하기
이인수	그렇습니다. 사실 요즘 같은 기분으로는 일이 손에 잡히지도 않고, 일할 의욕도 내키지 않으며, 오히려 매사에 짜증만 나는데, 저로서도 별도리가 없지 않습니까?	
장 팀장	불과 몇 달 전만 하더라도 이인수씨가 신규 프로젝트 추진과 관련하여 시장조사니 정보조사니 해서 이곳저곳을 바삐 다니던 그 왕성한 업무욕심과 의욕에 비해서는 요즈음은 의욕이 떨어졌다고는 생각했지만, 더위 탓인 줄로만 생각했지 일할 기분이 나지 않고 일이 손에 잡히지 않을 정도로 고민하고 있다는 사실을 몰랐습니다.	자기노출

장 팀장	그런데 말이죠. 그러한 큰 고민이 있으면서도 내게 귀띔 한마디 해 주지 않는 점에 대해 평상시 나를 어떠한 상사로 인식하고 있는지에 대해 궁금하고, 또한 내가 과원들에게 이렇게 밖에 대접받지 못하고 있는가 싶어 그 점에 대해서는 무척 서운하게 느껴집니다.	나-메세지
이인수	그렇게 생각하셨다면 죄송하게 생각됩니다만, 사실 그러한 면도 없지는 않습니다. 팀장님께서 우리과의 분위기에 대해서 심각하게 생각해 보신 적이 있습니까? 후배팀원들이 선배알기를 어떻게 아는지를 모르고 계실겁니다. 도대체 엉망입니다. 위·아래도 없고, 선·후배도 없습니다. 그래 가지고서야 어떻게 우리과가 잘 될 리가 있겠습니까?	
장 팀장	과분위기가 그 전과는 달리 엉망인데도 팀장인 내가 손을 쓰기는커녕 방치만 하고, 더욱이 이러한 과분위기라면 내가 알아서 손을 써 주어야 하는데도 나 몰라라 하면서 놔두었다는 것처럼 보여서 그게 불만스럽다는 얘기군요.	공감하기
이인수	딱히 방치만 한다고 제가 말씀드릴 수 없습니다만, 사실 업무에만 매달렸지 그리 많은 신경을 쓰신 것은 아니지 않습니까?	
장 팀장	그 점에 대해서는 나도 사실 할 말은 별로 없어요. 이왕 얘기가 나왔으니까 이제는 다시 그러한 소리를 듣지 않기 위해서도 나는 과의 분위기를 알고 싶고, 또한 어떠한 것이 지금 이 사태로 몰고 왔는지에 대해 무척 궁금하군요.	나-메세지
이인수	다 말씀드릴 수도 없고, 한 가지만 말씀드린다면 그저께 팀장님 외출하시는 날만 해도 그렇지요. 그 전날도 서인애 씨에게 K-프로젝트건과 관련하여 시장조사 및 정보조사한 내용의 타이핑업무를 부탁했는데, 상관하지 않아도 될 김영일씨가 나서서 "당신이 팀장이요" 하면서 빈정대고서는, 분임조활동을 한답시고 저를 빼고서는 과원들을 불러 모아 1시간 이상이나 잡담을 하고 있기에, 화난 김에 제가 한마디 했습니다. "분임조 활동도 좋지만 팀장님이 안 계실 때는 평상시보다 일을 더 열심히 해야 하지 않겠느냐"고 말입니다. 그랬더니 대뜸 그 친구 하는 말이 "거참 시시콜콜 참견이네. 당신 혼자 열심히 하면 되지 굴러 온 돌이 터줏대감 노릇하려 하네," "당신 혼자 잘난 체 하지 마시오" 하면서 망신을 주지 않겠습니까? 이러한 분위기에서 무엇을 할 수 있겠습니까?	
장 팀장	음……, 김영일씨와의 불편한 관계는 그런대로 참을 수 있지만, 그 친구가 이인수씨의 일에 대해 사사건건 트집을 잡아 방해를 하는 한 둘 중에 한 명은 이 과를 떠나야 되고, 그래서 이인수씨가 다른 과로 가버리겠다는 의사로 들리는데요.	공감하기
이인수	그렇습니다.	

정 팀장	지금 그렇다고 말을 하면서도 주먹을 불끈불끈 쥐는 이인수씨의 모습을 보니, 김영일씨로부터 당한 후배들 앞에서의 그 망신에 대한 분노가 치미는 것 같이 여겨지고, 팀장인 나에게도 과내의 위치설정을 명확히 해 주지 못한 것에 대한 불만도 있는 것 같이 느껴지는군요.	Non-Verbal 에 대한 공감 하기
이인수	그렇습니다. 이제 사정을 자세히 아셨으니까 저의 희망대로 타부서로 전배될 수 있도록 선처하여 주십시오.	
장 팀장	그러면 나도 내 입장을 얘기해도 되겠습니까?	
이인수	말씀하십시오.	
장 팀장	내 입장으로는 이인수씨도 잘 알다시피 1991년도 사업계획 편성에 들어가야 하고, 더욱이 여태까지 이인수씨가 추진해 오던 K-프로젝트 추진도 본격 궤도에 오르는 시점에서 이러한 사정을 누구보다도 잘 아는 이인수씨가 전배를 요청하는 심정이야 오죽하겠습니까만은, 나 역시 이인수씨가 전배되고 나면 이달 말까지 완료키로 된 K-프로젝트 추진일정이 차질이 생길까봐 염려가 되고, 또한 우리과의 업무효율이 그 전만큼 되지 못하게 되므로 나로서는 그렇게 하기가 곤란합니다.	나-메시지
이인수	그 심정은 팀장님이나 저나 마찬가지일 것입니다. 하지만 이러한 분위기 속에서는 또 다시 이러한 문제가 발생하지 말라는 법이 없지 않습니까?	
장 팀장	지금 이인수씨의 얘기는 전배되고 안 되고를 떠나, 지금 우리 과의 분위기는 어떠한 식으로든 변화가 필요하다는 얘기 같은데요.	문제를 한정하는 공감 하기
이인수	그렇습니다. 팀장님	
장 팀장	좋습니다. 지금까지의 우리들의 대화를 정리해 보면, 나나 우리 과원들이 이인수씨에 대해 일하는 일벌레로만 생각해 왔지, 인간적인 대접이나 조직 내에서의 위치나 역할에 대해 제대로 대우를 해주지 않아, 우리 과를 떠나 다른 부서로 전배하고 싶다고 생각하고, 나는 과의 기둥이나 다름없는 이인수씨를 떠나보내는 것은 내가 엄청난 짐을 질 수밖에 없는 현실로 볼 때, 이인수씨의 요구대로 들어 주기는 힘들겠다는 것입니다. 요약해 보면, 이번 문제의 심각성에 대해서 인식은 같이 하고 있으나, 해결방안은 서로 달리 가진 것 같은데…… 어떻습니까?	1단계인 욕구를 확인하기
이인수	저도 그렇게 생각됩니다.	
장 팀장	어디 우리가 각자의 머리속에 두고 있는 해결방안 이외에도 훌륭한 방안이 있을지 모르니까 한번 찾아보는 것은 어떻습니까?	제2단계인 제시에 들어감
이인수	뭐…… 별다른 방안이 있겠습니까? 팀장님부터 먼저 말씀해 보시지요.	

장 팀장	글쎄…… 내가 먼저 방안을 하나 제시해 보죠. 가령 이런 방법은 어떨는지, 뭐냐 하면 과업무분장을 명확히 해서 위치와 역할을 명확히 하고 신규 프로젝트 추진팀과 사업계획 편성팀으로 분리하여 운영해 보는 것도 한 방안이 될 것 같군요.	장 팀장의 해결안 제시
이인수	그렇게 되면 어차피 저와 김영일씨가 한 팀씩 맡을 것인데, 일이 잘못되면 호미로 막을 일도 가래로 막게 되지 않겠습니까?	
장 팀장	지금 이인수씨의 얘기는 이인수씨와 김영일씨와의 문제에서 팀 대 팀의 문제로 확대될 경우에는 어떻게 하겠느냐는 것으로 생각되는데, 지금 단계에서는 논란의 여지에 대해서는 검토하지 말고 단 1%의 가능성이 있는 해결방안이 될 수 있다면, 브레인스토밍으로 아이디어만 제시하면 좋겠는데요.	
이인수	좋습니다. 한 과에 선임팀원이 둘이 되어 발생한 문제이니 다음 조직개편 시기에 맞추어 두 사람 중 한 사람을 전배시키는 방법은 어떻겠습니까?	이인수씨의 해결안 제시
장 팀장	그것도 방안 중에 하나는 될 수 있겠죠. 내가 아이디어를 하나 더 내죠. 내 생각으로는 다음 주에 정보조사차 가기로 된 출장을 같이 가 둘이 허심탄하게 애로점을 털어 놓아 앙금을 푸는 방법도 있는 것 같은데요.	장팀장의 해결안 제시
이인수	팀장님, 그것은 곤란합니다. 저도 그렇지만 그 친구도 둘이 출장을 같이 떠나는 것을 반대할 겁니다.	
장 팀장	이것은 어디까지나 하나의 아이디어니까 아이디어만 제시하고 평가는 조금 뒤로 미뤄 주었으면 합니다.	
이인수	둘이 문제를 푼다고 우리 과의 모든 문제가 해결되는 것은 아니기 때문에 과 전체의 Workshop을 통해 과내의 문제점을 노출시켜 공동으로 해결하는 방안도 있을 수 있겠습니다.	이인수씨의 해결안 제시
장 팀장	그 참 좋은 아이디어요. 그 얘기하니까 생각나는데, 내 먼저 번 관리자교육시에 들은 얘긴데, 우리 과의 업무와 관계 측면에서의 진단도 하고, 문제점도 노출시켜 이를 과원들의 공동으로 해결하는 "부서활성화 프로그램"이라는 것이 있다는데, 그것 한 번 해 보는 것은 어떻습니까?	장 팀장의 해결안 제시
이인수	저도 비슷한 것을 들은 적도 있습니다. 관리과의 선임팀원인 김군일씨가 얼마전에 갔다 왔다고 하던데, Learning Center에서 '자기성장 프로그램 리더양성과정'이라는 것을 한다고 합니다. 자기도 거기에 다녀와서 과원들과 그 프로그램을 실시하여 많은 성과를 얻었다고 기획과에서도 갔다 와서 한 번 실시해 보라고 권유하던데, 거기에 과원 한 명을 보내어 그 프로그램을 실시해 보는 것은 어떻게 생각합니까?	이인수씨의 해결안 제시
장 팀장	좋습니다. 이왕 교육얘기가 나왔으니까 말인데, 나는 이인수씨가 머지않아 관리자가 되어야 할 것이고 하니까 이인수씨가 자기성장 리더양성과정을 다녀와서 우리 부서원들을 대상으로 이 프로그램을 한 번 실시해 보았으면 하는데요.	

이인수	저도 저입니다만, 매사에 사사건건 트집잡는 김영일씨도 프로그램에 한 번 참가토록 하는 것은 어떻습니까?	
장 팀장	이인수씨가 참가하려니 여러 가지 난처한 사정이 있는 것 같은데, 일단 이 프로그램에 우리 부서의 누군가가 참석하는 것으로 한정을 하죠.	
장 팀장	지금까지 나온 안을 살펴보면, 여섯 가지의 안이 나온 것 같아요. 그러면 우리 같이 한 가지씩 검토해 봅시다. 여러 가지 안들에 대해 숨김없는 솔직한 나의 의사를 얘기할 터이니, 이인수씨도 본인의 생각에 대해 솔직하게 얘기하여 주었으면 합니다. 먼저 우리 과 업무분장을 명확히 하여 두 팀으로 분리하여 운영하였으면 하는 나의 의견에 대해서는 어떻게 생각합니까?	제3단계 해결안 검토에 들어감
이인수	과원이라 해도 여사원 포함해서 고작 6명인데, 괜히 두 팀으로 편성하여 운영하면 신규 프로젝트다 뭐다 해서 그렇지 않아도 많은 업무처리의 어려움은 물론, 그 친구가 같은 팀장이랍시고 으스대는 꼴을 어떻게 보란 말입니까?	
장 팀장	이 안은 받아들이기 어렵다는 얘기군요. 사실 나도 업무분장을 해서 두 팀으로 분리해서 운영할 경우에 업무의 효율이 염려가 되고 하니 이 안은 접어 두고, 이인수씨가 제시한 둘 중에 한 명을 조직개편시기에 맞추어 전배시키는 방안을 얘기했는데, 나로서는 부하들을 키워 주지는 못할 망정 내쫓는 것과 진배없는 전배란 내 자존심에 상처를 입을까봐 두렵고, 더욱이 이 바쁜 시기에 우리 과 전력을 손실당할 수 없어 받아들이기 곤란합니다. 그러면 내가 제시한 다음주 정보조사차 가는 출장을 두 사람이 함께 가서 허심탄회하게 애로점을 털어 놓고 앙금을 푸는 방안에 대해서는 어떻게 생각합니까?	
이인수	지금 심정으로는 내키지 않습니다.	
장 팀장	그렇다면 할 수 없군요. 그러면 네 번째 방안인 과 Workshop을 가져 보자는 방안을 이인수씨가 제시했는데, 나도 그 방안에 대해서는 찬성이요. 구체적인 계획에 대해서는 검토 후에 얘기하기로 하고, 일단 이 안은 나도 적극적으로 받아들일 수 있소. 그 다음에 전문가를 모셔와 부서활성화 프로그램을 실시해 보는 방안에 대해서는 어떻게 생각합니까?	
이인수	전문가를 모셔와 부서활성화 프로그램을 하게 되면 타부서에 금방 소문이 퍼지게 될 것이고, 더욱이 이 Workshop의 발단이 저와 김영일씨 간의 불편한 관계 때문에 한 것이 타부서에 알려지면 망신이지 않습니까?	
장 팀장	이인수씨 얘기는 이 프로그램을 실시하게 되면 그 프로그램의 순기능보다는 프로그램 외적인 역기능으로 인해 창피당하지 않을까 염려가 되는가 보군요.	
이인수	그렇습니다.	

장 팀장	알겠어요. 그러면 이번에 전사적으로 실시하는 자기성장 프로그램 리더양성과정에 우리 부서 중 한 명을 보내어서 그 프로그램을 한 번 실시해 보는 방안은 어떻습니까?	
이인수	그 프로그램은 다른 부서에서도 실시하고, 또 효과가 매우 높다 하니 저로서도 찬성입니다.	
장 팀장	그래요. 나도 그 프로그램의 효과에 대해서는 얘기를 들은 바가 있어요. 나도 우리 과에도 그 프로그램의 리더를 양성해야 한다는 생각을 갖고 있기는 했지만, 그 러질 못해 찜찜하던 차에 잘 되었군요. 그러면 우리 둘이 찾아 본 해결방안은 두 가지인데, 이 두 가지를 결합해 보면 Learning Center에서 실시하는 자기성장 프로그램의 리더양성과정에 우리 과원 한 명을 리더로 양성해 우리과의 Workshop시에 그가 우리 과원들을 대상으로 자기성장 프로그램을 실시하는 것으로 합의를 본 것으로 결정하는 데 이의가 있습니까?	제4단계인 해결안 결정하기
이인수	없습니다.	
장 팀장	좋습니다. 그러면 자기성장 프로그램 리더양성과정에서는 누가 참가하는 것이 좋겠습니까?	제5단계인 결정안 계획하기
이인수	제 생각으로는 저나 김영일씨가 그 과정에 참가하는 것보다는 이번 문제에 객관적인 위치에 있는 신민호씨가 참가하는 것이 좋을 것 같습니다.	
장 팀장	이인수씨 얘기는 아무래도 이번 문제의 발단이 된 사람 중에 누군가가 진행하게 되면 서로 간에 껄끄러울 것이고, 그래서 그 문제와 직접 관련이 없는 신민호 씨가 참가했으면 하는군요.	
이인수	그렇습니다.	
장 팀장	좋아요. 신민호씨도 조만간 중견사원이 될 터이고, 그 친구가 비교적 여러 사람과 관계도 원만한 편이고 하니…… 그럼 내가 내일 마침 과회의를 하는 금요일이니, 그 때 신민호씨 업무를 우리 과원들이 나누어 분담하는 일이 있더라도 다음주 월요일에 그 과정에 참가할 수 있도록 Learning Center에 협조요청을 하겠습니다. 그러면 과 Workshop은 하반기 업무계획수립과 과내의 관계해결을 해야 되느니 만큼 상당히 시간이 소요될 것 같은데, 아무래도 하루로는 곤란하겠죠?	
이인수	저도 그렇게 생각합니다. 그래서 최소한 이틀 정도의 일정을 가지고 집중적으로 실시하려면 다음주 금요일 · 토요일이 좋을 듯하며, 장소는 조용하고, 호젓한 산장에서 하는게 어떻겠습니까?	

장 팀장	이틀 동안 하는 데는 이의는 없으나, 아무래도 껄끄러운 관계를 해결하려면 회의실보다는 야외의 산장 등의 호젓하고 자유스런 분위기 속에서 하면 어떻겠냐는 얘기군요.	
이인수	그렇습니다.	
장 팀장	나도 그 점에 대해서는 찬성이요. 하지만 과 Workshop도 업무의 일환이기는 하나, 이틀동안 우리 과가 Workshop을 한다고 자리를 비우게 되면, 위로부터 긴급업무도 많이 떨어지는 부서인데, 행여 윗분이 찾거나 긴급사항이 발생할 때, 거기에 대처할 수 없을 것 같아 염려가 됩니다.	
장 팀장	그러면 이 건도 내일 과회의시에 내가 과원들에게 공지를 하여 다음주 토 · 일요일에 과 Workshop를 실시하려고 하니 협조를 구하겠소.	
이인수	감사합니다. 팀장님.	
장 팀장	그러면 Workshop 실시 후에도 이러한 문제로 고민하게 되는 경우가 없기를 바라겠지만, 혹시 그러한 문제가 발생할 경우에는 혼자 고민하지 말고 나를 찾아와 이번과 같이 허심탄회하게 상의해 주면 고맙겠소. 그리고 이 번 Workshop의 결과는 Workshop 후 과분위기를 한 달간 지켜 본 후에 우리가 결정한 이 방안이 효과적이었는지 아닌가 분석해 보면 어떨까요.	제6단계인 실행 후 평가하기
이인수	예! 그렇게 하겠습니다. 이렇게 해결하면 되는 것을 혼자 고민하다가 팀장님이나 동료들만 원망한 것을 송구스럽게 생각합니다.	
장 팀장	천만에요. 나도 처음에는 이틀동안 무단결근한 이인수씨를 보고 나를 이렇게 무시하는가 싶어 괘씸한 생각이 들고, 더욱이 출근해서 기껏 한다는 말이 전배시켜 달라는 말부터 하니 사실 당황했어요. 아무튼 그래도 나를 믿고 자초지종을 얘기해 준 것이나, 또 이렇게 머리를 맞대고 허심탄회하게 문제를 해결하도록 도와 준 이인수씨에게 대해 고마움을 느낍니다. 또 한편으로는 내가 과원들에게 너무 무관심했다는 반성도 되고요.	
이인수	아이구! 아닙니다. 오히려 저 자신의 행동이 너무 경솔한 것 같아 후회가 되고 제 자신이 반성이 됩니다. 다시는 팀장님의 입장을 난처하게 하지 않도록 노력하겠고, 더욱이 제 자신의 인격수양에 더욱 힘쓰겠습니다.	
장 팀장	고맙소. 언제라도 어려운 점이 있으면 나에게 얘기를 해 주십시오. 비록 큰 도움은 못될 망정 내 최선을 다하겠소.	
이인수	저도 가급적 빠른 시기에 김영일씨와 솔직한 대화를 나누도록 하겠습니다.	
장 팀장	그렇게까지 해 준다면 더할 나위 없이 고맙소. 오늘 이 시간이 나와 이인수씨, 더 나아가 우리 과의 보탬이 될 수 있는 시간이기를 바라오.	
이인수	매우 도움이 되었습니다.	
장 팀장 이인수	(서로 악수를 하고 밝은 얼굴로 면담장을 나선다.)	

앞의 사례는 승-승적 방법이 갈등해소에 성공적으로 활동되는 장면에서 전형적으로 나타나는 내용을 잘 예시해 주고 있다.

① 갈등에 처한 당사자들은 일련의 문제해결과정을 거치게 되는데, 최소한 제4단계인 의사결정하기까지 혹은 그 이상의 단계까지 나아가는 경우가 종종 있다.

② 갈등은 쌍방의 욕구와 감정 혹은 관심사의 견지에서 확인되고 이해되어야만 한다. 즉 나는 나의 입장이 이해되기를 바라고, 또한 상대방 역시 나의 입장을 분명히 이해하여 주기를 바란다.

③ 각자의 욕구와 감정 혹은 관심사는 갈등해결을 방해하고 비난적이며 비판적인 너-메시지You message보다는 나-메시지I message로 표현하는 것이 효과적이다.

④ 공감하기가 상대방의 느낌에 대한 나 자신의 수용과 이해를 전달할 수 있기에 대화 시에는 반드시 이것을 충분히 활용하여야 한다.

⑤ 앞의 사례에서도 나타났듯이 최초에 '제시된 문제'는 흔히 더 깊고 훨씬 더 근본적인 문제로 탈바꿈하는데, 이 문제도 역시 해결되어지지 않으면 안 된다.

승-패적 방법과는 달리 승-승적 방법은 쌍방의 갈등해소에 대한 일종의 '개방적인' 접근방법으로 갈등관계에 처한 당사자들 중 어느 누구도 궁극적인 해결안이 어떤 것으로 귀결될 것인가에 대해 정확히 알 수 없다. 다만 그것은 개방적이고 불확실성이 있기에 문제해결의 6단계를 거쳐 가면서 판단될 뿐이다. 반면에 두 가지의 승-패적 방법에는 보통 각 당사자또는 그 중의 한 명는 예상되는 해결안을 염두해 두고 시작하기 때문에 상대방을 승복시키기 위해 권력을 사용하는 것이 유일한 방법이다. 이 때문에 승-패적 방법은 흔히 경합적 해결안에 대한 권력투쟁으로 발전한다. 그래서 승-승적 방법은 상호간에 수용할 수 있는 해결안의 탐색을 위한 공동노력을 필요로 하기에 '머리를 맞대고 우리 모두의 욕구를 충족시킬 수 있을까,' '우리에게 해결해야 할 문제가 있다. 그러나 창의력을 발휘해 보자' 등의 방법으로 어려운 문제를 해결하는 창의적 사고가 필요하다.

9 승-승적 갈등해결 6단계 실습

Study Check

★ **아래의 상황을 읽고 당신이 그 상황에 처했을 때, 가질 수 있는 욕구와 상대방이 가질 수 있는 욕구를 쓰시오.**

▶ 상황

오 과장은 매주 월요일 아침이면 기분이 좋지 않다. 뭔가 꽉 막힌 듯한 기분을 느낀다. 그 이유는 매주 월요일마다 하는 조회 때문이다. 오 과장은 한 주가 새로 시작될 때마다 새로운 각오와 근무의욕을 고취시키고 안전교육을 하자는 의도로 주초 조회를 시작하였다. 그런데 처음 몇 주는 그의 의도대로 그런 대로 잘 되는 듯했으나 그 이후에 대다수의 팀원들이 그저 조회라고 하니까 나와 있기는 했으나 마음은 다른 곳에 있는 것이었다. 오 과장이 볼 때 조회의 내용이 지루한 것도 아닌데……

- 양측의 요구를 고려하고, 공감하기와 나-메시지를 활용하면서 각 단계에 요구되는 아이디어를 제시해 보자.

① 단계 1: 문제를 확인하기(요구를 정의하기)

오 팀장의 요구	팀원들의 요구

② 단계 2: 해결안 제시하기(우리가 생각할 수 있는 해결안들)

③ 단계 3: 해결안 검토하기

문제해결 모색 중에 있는 상사와 부하행동은 다음과 같다.

ⓐ 가장 적합해 보이거나 작은 효과라도 가져 올 수 있다고 생각되는 대안들에 표시를 한다.

ⓑ 현실적으로 도움이 될 것 같지 않은 대안들은 지워 버린다.

④ 단계 4: 상호 수용할 수 있는 해결안 결정하기

(우리는 다음과 같이 노력을 하기로 결정했다.)

⑤ 단계 5: 결정안 실행하기

ⓐ 결정안을 실행하기 전에 누구와 의논할 것인가?

ⓑ 우리(상사와 부하)들 중 누가 언제까지 무엇을 할 것인가?

⑥ 단계 6: 실행 후 평가하기

ⓐ 하루 또는 한 주일, 또는 한 달 등 일정기간 후에 우리는 위의 결정안을 실행한 후 만족과 불만족으로 분류해 볼 수 있다.

㉠ 만족

㉡ 불만족

ⓑ 만일 불만족스럽다면 우리는 단계 4로 되돌아가서 해결책을 바꾸거나 단계 1로 돌아가 문제를 다시 정의할 필요가 있다.

ⓒ 만일 만족스럽다면 용기를 내어 계속 추진하라!

나의 인간관계 선언

나는 당신과의 인간적인 관계를 소중히 계속해서 유지하고 싶습니다. 그러나 우리는 서로 다른 개인적 욕구를 가졌으며, 또한 그 욕구를 충족시킬 권리를 가진 독립된 개인입니다.

당신의 욕구를 충족시키는 데 문제가 생기면 당신이 나에게 의존하기보다는 당신 스스로 해결책을 찾도록 도와주기 위해 나는 진정으로 마음을 열어 귀기울일 것입니다. 또한 그것이 내 신념이나 가치관과 다르다 할지라도 당신만이 가지는 고유한 신념과 가치관을 당신이 선택할 권리가 있음을 존중할 것입니다.

만일 당신의 행동이 나의 욕구충족을 방해할 때는 나는 당신의 행동이 나에게 어떤 영향을 미치고 있고, 나의 욕구와 감정이 무엇인지를 솔직하고 담백하게 이야기할 것이며, 내가 수용할 수 있는 행동으로 스스로 수정할 기회를 드릴 것입니다.

우리의 욕구가 서로 달라질 때 그리고 당신의 욕구를 나의 욕구로 바꿀 수 없을 때에는 우리가 갈등을 겪고 있음을 인정하고, 나의 욕구를 채우려고 당신의 욕구를 강제적으로 권위에 호소하여 누르지 않을 것이며, 서로의 갈등을 해결하도록 같이 노력할 것입니다.

나는 당신의 욕구를 존중합니다. 그리고 동시에 나의 욕구도 존중할 것입니다. 그러므로 누구도 패배하는 사람이 없도록 우리 서로가 수용할 수 있는 해결책을 같이 찾겠습니다.

이렇게 할 때 우리는 상호 성장에 도움이 되고, 신뢰할 수 있는 두터운 관계를 형성해 나가게 될 것이며, 상호간에 존경과 사랑 및 평화를 만끽할 수 있게 될 것입니다.

토마스 고든(Thomas Gordon)

CHAPTER

05

상황별 Communication

01 대화의 기본행동자세

1 밝은 표정

밝은 표정 없는 친절 서비스는 있을 수 없다. 본래의 자신의 표정과는 별도로 좋은 느낌을 전달할 수 있는 표정의 연출이 필요하다.

1) 표정의 중요성

① 나의 표정이 타인에게 다양한 심리변화를 준다.

② 부드러운 표정만으로도 상대에게 신뢰를 준다. 특히 웃는 얼굴은 상대를 편안하게 하고, 호감을 줄 뿐만 아니라, 스스로의 마음을 즐겁게 한다.

2) 미소의 효과

① 마인드 컨트롤효과

② 감정이입효과

③ 건강증진효과

④ 실적향상효과

⑤ 신바람효과

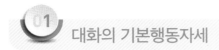

- 미소는 당신의 인상을 좋게 한다.
- 미소는 당신을 즐겁게 만든다.
- 미소는 당신의 인격을 높여 준다.
- 미소는 당신의 걱정을 멈추게 한다.
- 미소는 당신의 성과를 증대시킨다.
- 미소는 당신의 건강을 도와준다.
- 상대의 미소는 그 사람의 마음을 받아들이기 쉽게 만들어 준다.

2 지금 당신의 얼굴표정은?

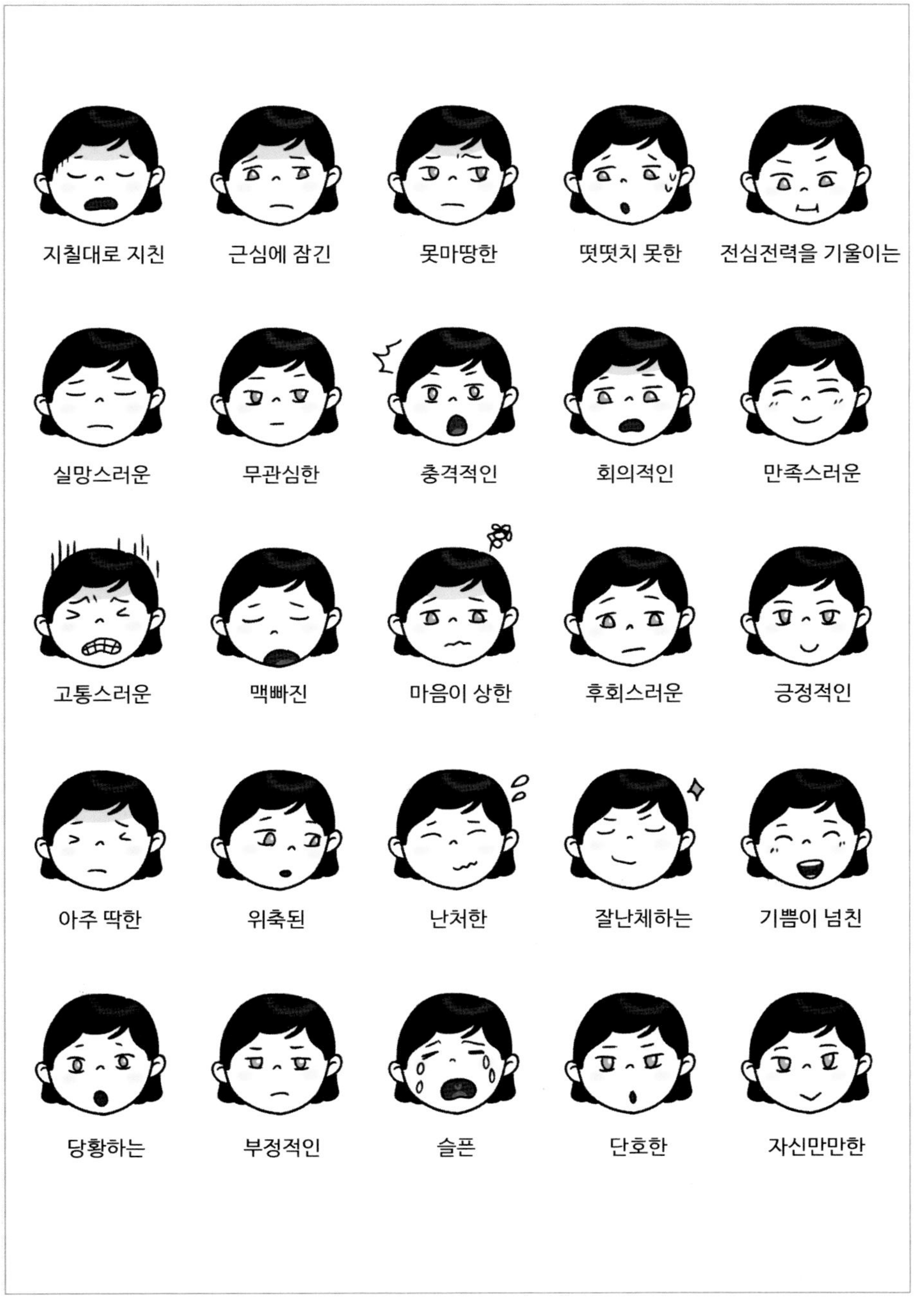

©www.hanol.co.kr

3 안면체조와 미소연습

1) 안면체조

❶ 눈썹

① 반가움 · 감사 · 사죄 등의 진심어린 감정표현을 위해서는 눈썹의 움직임부터 자연스러워야 한다.

② 양손의 검지손가락만 펴서 눈썹에 닿는 위치에 댄다.

③ 눈썹을 위쪽으로 올렸다가 손가락이 닿도록 제자리로 원위치한다3~4회 반복.

❷ 눈

① 무표정의 시작이 되는 경직된 눈의 느낌을 자연스럽게 이완시켜 준다.

② 눈동자를 위 · 아래, 좌 · 우로 바로 옮긴다. 연습하는 경우에는 날카로운 눈길이 될 수 있으므로 눈동자를 옮길 때마다 '깜박'하며 정면을 본다. 부드러운 눈길이 되도록 연습한다.

❸ 코

① 웃는 눈과 웃는 입을 위하여 연결근육도 이완시켜 준다.

② 코에 주름이 잡히도록 찡그렸다가 다시 편다2회 반복.

❹ 입, 뺨

① 양볼에 바람을 잔뜩 넣어 부풀린 후 바람을 힘껏 뱉어낸다2회 반복.

② 왼쪽 볼에 바람을 잔뜩 몰아넣은 후 오른쪽 볼로 바람을 옮긴다2회 반복. 왼쪽 볼에 바람을 넣고 입술의 윗부분을 지나가게 하며 천천히 오른쪽으로 옮긴다. 오른쪽 볼에 가득 바람을 넣고 천천히 아래 입술쪽을 거쳐 왼쪽 볼로 옮긴다.

❺ 입술

① 입술을 오므려 '쪽' 빨아들인다.

② 입술 전체를 최대한 왼쪽 볼쪽으로 이동시킨다.

③ 정면으로 원위치한다.

④ 입술 전체를 최대한 오른쪽 볼쪽으로 끌어 당긴다.

⑤ 정면으로 원위치한다2회 반복.

⑥ 입술에 힘을 빼고 위 · 아래 입술이 흔들리도록 바람을 길게 뱉어낸다반복.

6 턱

① 턱 전체가 아래로 당겨지도록 입을 벌린다.

② 입의 모양이 역삼각형▽이 되도록 한다.

③ 턱 전체를 왼쪽 · 오른쪽으로 이동시키면서 반복한다.

2) 미소연습

친절한 고객응대의 시작에 있어 가장 중요한 것은 첫 느낌이며, 첫인상first impression을 좌우하는 핵심적인 요소는 스마일smile이다. 개인적인 습관을 이겨내고, 프로 서비스사원으로서의 공적인 표정을 익힌다.

① 눈웃음 연습

② 입모양 만들기

©www.hanol.co.kr

4 세련된 인사

인사는 웃는 얼굴로 상대의 눈을 보고 밝은 목소리의 인사말과 함께 바른 자세로 세련된 모습을 연출해야 한다.

1) 인사자세

❶ 자세

① 바른 자세로 정면을 응대한다.

② 보행중에는 일시 멈추어 선다.

③ 발뒤꿈치를 붙인 상태에서 앞부리를 여성은 15도, 남성은 30도 정도 벌린다.

❷ 손, 팔

여성

① 오른손을 위로 하여 앞으로 가지런히 팔을 모은다.

② 손가락을 두 엄지를 뒤로 보내고, 여덟 손가락을 가지런히 편다.

③ 두 손을 움켜 잡지 않는다.

④ 자연스러운 위치배꼽 아래 5cm 정도에 모은 손을 댄다.

남성

① 계란 하나를 쥔 듯 손가락을 가볍게 모으고, 엄지손가락을 바지 재봉선에 일치시킨다.

② 팔은 겨드랑이에 자연스럽게 붙인다.

❸ 시선

상대방과 눈을 마주치며 인사말을 시작한다.

2) 인사요령

❶ 미소(Smile)가 담긴 목소리

"위스키+어서 오십시오. (10초)
① "어서 오십시오."
② "안녕하십니까?"
③ "네, 잘 알겠습니다."
④ "잠시만 기다려 주시겠습니까?"
⑤ "감사합니다."
⑥ "안녕히 가십시오."
⑦ "좋은 하루되십시오."

❷ 삼가야 할 표정·음성

① 상대방을 방해하거나 놀라게 하는 음성
② 주변의 시선을 끌 정도의 호들갑스러운 음성
③ 상대방의 마음을 헤아리지 못하는 퉁명스러운 말씨
④ 상대방의 질문에 묵묵부답
⑤ 정확히 전달되지 않는 음성
⑥ 무관심한 표정으로 의욕이 없는 표정
⑦ 찡그리는 인상, 짜증섞인 어투
⑧ Eye Contact 없이 말하는 것.
⑨ 좌 · 우, 위 · 아래로 훑겨 보는 것.
⑩ 상대를 꾸짖는 듯한 음성

02 대화

1 대화의 기본화법

1) 밝고 명랑하게

① 우선 자신의 마음상태를 긍정적으로 만든다.

② 웃는 얼굴로 대한다.

③ 목소리의 Tone을 조절한다.

④ 억양을 살리되, 이상하지 않게, 자연스럽게 구사한다.

2) 명료하고 쉽게

① 발음에 유의해야 한다.

② 적당한 속도로 말한다.

③ 강조할 부분, 쉴 부분을 구별하여 또박또박 말한다.

④ 전문용어·외국어를 남발하지 않는다.

⑤ 어려운 표현, 번거로운 표현은 오히려 거부감을 줄 수 있다.

3) 명령형·지시형 → 의뢰형·권유형

① 명령이나 지시는 반감을 유발한다.

② 부탁이나 권유하는 말로 표현한다.

③ "비키세요" → "이쪽으로 서 주시겠습니까?"

4) 고운 용어 사용

① 반말이나 반토막의 말은 불쾌감을 준다.

② 정중하고 완전한 말을 습관화하면 인격도 순화된다.

2 어려운 말 연습표

자! 따라해 봅시다.

- 간장공장 공장장은 강 공장장이고, 된장공장 공장장은 공 공장장이다.
- 저기 있는 저분이 박 법학박사이시고, 여기 있는 이 분이 백 법학박사이시다.
- 저기 가는 저 상장사가 새 상장사냐 헌 상장사냐.
- 중앙청 창살은 쌍창살이고, 시청 창살은 외창살이다.
- 사람이 사람이라고 다 사람인 줄 아는가, 사람이 사람구실을 해야 사람이지.
- 한양양장점 옆 한영양장점, 한영양장점 옆 한양양장점
- 저기 있는 말뚝이 말맬 말뚝이냐, 말 못맬 말뚝이냐.
- 옆집 팥죽은 붉은 팥 팥죽이고, 뒷집 콩죽은 검은 콩 콩죽이다.
- 멍멍이네 꿀꿀이는 멍멍해도 꿀꿀하고, 꿀꿀이네 멍멍이는 꿀꿀해도 멍멍하네.
- 들의 콩깍지는 깐 콩깍지인가 안 깐 콩깍지인가 깐 콩깍지면 어떻고 안 깐 콩깍지면 어떻냐, 깐 콩깍지나 안 깐 콩깍지나 콩깍지는 콩깍지인데.

3 적절한 속도

정확하게 전달하기 위한 말의 속도는 1분에 300음절이 적당하다.

▶ 200자(40초)

나는 이 세상을 웃으면서 살아가리라!

내가 웃을 수 있는 한, 나는 결코 가난하지가 않다. 웃음이야말로 가장 위대한 자연의 선물이며, 나는 결코 웃음을 아끼지 않으리라. 웃음과 행복이이야말로 나를 진실로 성공할 수 있도록 만드는 것이다. 웃음과 행복이야말로 내 노력의 성과를 즐길 수 있게 한다.

그렇지 않으면 실패한 것이리라.

왜냐하면 행복이란 음식의 미각을 돋우어 주는 포도주이기 때문이다.

성공을 즐기기 위해서는 행복과 웃음이 곁들여 져야만 하는 것이다.

나는 행복하게 될 것이다.

나는 성공하게 될 것이다.

▶ 300자(60초)

나는 이제 실천하리라!

나를 후퇴시키는 연기는 두려움에서 생기며, 아무리 용기있는 사람이라도 마음속에는 이러한 두려움이 존재한다는 것을 나는 인정한다.

이제 나의 두려움을 극복하기 위해 모든 행동을 주저 하지 않고 감행하여야 하며, 그럼으로써 마음의 두려움은 사라질 것이다. 이제 나는 실천만이 산더미 같은 엄청난 공포를 침착으로 바꿔 준다는 것을 알게 되었다.

나는 이제 실천하리라!

이제부터 나는 날개를 움직여 행동할 때만 빛을 발하는 반딧불이 되어 낮에도 내가 발산하는 빛이 보일 수 있게 하리라.

다른 모든 나비들이 살기 위 해 꽃을 찾아다니며 즐기는 동안 나는 반딧불처럼 온 세상을 두루 밝히리라.

나는 이제 실천하리라!

나는 오늘의 일을 후회하지 않으며, 내일로 미루지 않으리라. 왜냐하면 결코 내일은 다시 오지 않는 법이기 때문이다.

4 고운 용어

바람직하지 않은 말씨		바람직한 말씨
없습니다.	▶	안계십니다.
누굽니까?	▶	누구십니까?
지금 자리에 없습니다.	▶	지금 잠깐 자리를 비웠습니다.
네, 뭐라구요?	▶	다시 한 번 말씀해 주시겠습니까?
또 와 주시오.	▶	다시 찾아 주시겠습니까?
이쪽에서 가겠습니다.	▶	저희 쪽에서 방문하도록 하겠습니다.
알았어요.	▶	네, 잘 알겠습니다.
모르겠는데요.	▶	죄송합니다만, 잘 모르겠습니다. 확인해 드리겠습니다.
미안해요.	▶	대단히 죄송합니다.
없습니다(물건).	▶	손님, 준비되어 있지 않습니다.
어디서 왔어요?	▶	어디서 오셨습니까?
이름이 무엇이요?	▶	존함이 어떻게 되십니까?
전화해 주시오.	▶	전화 부탁드립니다.
다시 한 번 와 보시오.	▶	다시 한 번 찾아 주실 수 있겠습니까?
곧 올거요.	▶	담당직원이 지금자리에 없습니다만, 곧 돌아 올 것입니다
그쪽 회사	▶	귀사
같이 온 사람	▶	함께 오신 분
누굴 찾으세요?	▶	어떤 분을 찾으십니까?
무슨 용건입니까?	▶	무엇을 도와 드릴까요?
잠깐만요.	▶	죄송합니다. 잠깐만 기다려 주시겠습니까?
저 사람(누구)	▶	저분(어느 분)
그건 안 됩니다. 그건 곤란합니다.	▶	도움을 드리지 못해 죄송합니다. 다른 방안이 있는지 알아보겠습니다.
지금은 바빠서 안 됩니다.	▶	지금하고 있는 일을 끝내고, ○분 후면 도와 드릴 수 있습니다.
그건 제가 잘 모르는 일입니다.	▶	저는 ~한 업무를 맡고 있습니다만, 도와 드릴 수 있는 방안을 찾아보겠습니다.

03 전화응대

우리는 하루에 평균 몇 시간을 전화통화에 사용하고 있을까?

통계에 의하면 평균 하루에 1시간, 한 달에 30시간, 1년이면 365시간, 한평생 중 3년 이상을 전화하는 데 소비한다고 한다. 이처럼 전화는 이미 우리 생활에 깊숙이 자리 잡고 필수적 위치를 점하고 있다. 오늘날 사업상의 많은 일들이 전화를 통해 이루어지고 있다. 하루 중 많은 고객들이 여러 가지 목적으로 우리에게 전화를 해오고 있다. 고객들이 전화를 걸어 온 목적에 상관없이 고객이 당신에게 전화를 걸어왔을 때, 고객과 당신과의 사이에서 이루어지는 모든 대화는 바로 당신이 몸담고 있는 회사에 대한 첫인상이 되어 그 고객의 마음속에 새겨지는 것이다.

전화는 고객이나 상대방의 얼굴을 직접 보지 않고 대화하기 때문에 자칫하면 실수하기 쉽고, 오해의 소지가 많으며, 고객과의 전화 한 통화가 회사의 이미지를 결정한다는 점에서 조금도 소홀함이 없어야 한다. 전화는 고객과 만나는 첫 번째 관문으로 '소리 얼굴' 또는 '보이지 않는 고객창구'이다. 따라서 모든 직원은 회사의 친절한 이미지를 향상시킬 수 있도록 친절하고 정성을 다하는 전화응대를 생활화해야 할 것이다. 전화응대를 잘 하려면 잘 들어야 하고 좋은 인상을 남겨야 한다.

- 기분 나쁜 전화예절 이야기해 보기

1 응대의 특색

1) 응대는 '직접적'이다

응대는 손님과 직접적인 관계를 갖는다. 직접적이다는 것은 경영 제1선에서 일을 하고 있다는 것이다. 응대가 어떤가에 따라 회사의 신용이나 이미지에 직접적인 영향을 미치는 것이다.

2) 응대는 다시 '고쳐 할 수 없다'

응대는 구체적인 행위이기 때문에 결과가 항상 문제가 된다. 만약 입에 발린 말만으로 '곧 알려 드리겠습니다'라고 한 후 연락하지 않았거나 연락이 늦었다면 손님에게 어떠한 폐를 끼치겠는가? 응대는 입으로만이 아니고 결과가 문제가 되며, 다시 고쳐 응대할 수 없다. 응대는 다시 고쳐할 수 있는 것이 아니기 때문에 성의가 기본이 된다. 진심이 없는 응대는 로보트의 응대이다.

3) 응대는 '지금, 여기에서'가 중요합니다

응대는 시간이라고 하는 긴박함 속에서의 일이다. '지금 여기에서'here and now가 중요한 것이다.

4) 응대의 상대는 '인간'입니다

응대는 사람과 사람의 만남을 소중히 한다. 응대자의 말투나 태도는 다른 상대에게 전해진다. 말은 마음, 마음은 말이다. 마음이 없는 곳에 올바른 응대는 있을 수 없다.

2 응대의 마음가짐각오

1) 말은 마음의 표현이다

사람은 누구라도 상대에게 생각이나 기분을 서로 전하는데에 말을 사용하지만, 말 이외의 방법으로도 그것을 행하고 있는 것이다. 예를 들면, 표정, 몸짓, 목소리 상태, 눈에 고이는 눈물 등과 같은 것이다.

"당신이 미워"라는 말조차 말투에 따라서는 상당히 매혹적으로 들릴 수가 있고, 그렇지 않을 때도 있다.

이처럼 말 이외의 말이 있는 것이다.

말씨가 공손하고 단정해도 거기에 마음이 없으면 상대에게 충분히 전해지지 않는 것이다. 옛부터 "말은 마음의 소리"라고 불리고 있다. 말은 마음에서 우러나오는 표현이다.

2) 응대의 기본용어

상대에 대한 경어의 사용은 부족하면 실례가 되고, 또한 지나쳐도 이상하게 되어 버린다. 경어를 마스터하는 가장 빠른 길은 응대의 기본용어를 생활화하는 것이다. 응대의 기본용어는 모두 경어에 의해 형성되어 있기 때문이다. 응대의 기본용어를 체득하게 되면 손님을 접대할 때 상황에 맞게 사용할 수 있게 된다.

- 응대의 기본용어

3 응대의 프로세스

구분	말씨	마음가짐
인사	• "어서 오십시오" • "안녕하십니까"	• 상냥하게 맞이한다. • 손님의 복장 · 연령 · 성별에 의해 구별하지 않는다. • 눈을 보고 말한다.
용건을 묻는다.	• "어떠한 용무입니까?" • "누구십니까?" • "약속이 되어 있습니까?"	• 명함은 양손으로 받고, 그 명함은 아랫주머니에 넣지 않는다. • 메모를 한다.
판단 · 확인	• "실례합니다만 무엇이라고 읽습니까?"(어려운 한자) • "○○○씨이군요"	• 정확하게 신속하게(기다리게 하지 않는다): ① 자사인가?, ② 무슨 과인가?, ③ 담당자는?, ④ 공사 구별
담당자에게 연락	• "○○○입니다. (약속한) ○○사의 ○○○씨가 오셨습니다." • "어떻게 할까요" • "과장님 ○○회사의 ○○○씨께서 오셨습니다."	• 정확하게 신속하게(기다리게 하지 않는다)
방문객에게 안내	• "곧 돌아오니까 잠시만 기다려 주십시오." • "곧 연락할테니까 잠시만 기다려 주십시오." • "○층에서 내려서 좌측 안쪽입니다."	• 기다림이 없게 한다.
담당과로 안내(안내에서 기다리게 한다.	• "○○로 안내하겠습니다." • "지금 담당자가 오기 때문에 이쪽에서 잠시만 기다려주십시오."	• 친절하고 정중하게 손님 2~3보 앞에서 안내
응접실로 안내	• "잠시 여기서 기다려 주십시오."	• 문을 연다. • 손으로 가리킨다. • 예의를 차려서
차를 대접한다.	• "실례하겠습니다" • "차 한 잔 드릴까요?" • "어떤 차를 드릴까요?"(가능한 차종류를 언급해 준다)	• 차를 내는 순서는 방문객의 윗 사람부터 마지막에 자기 회사사람에게 차색을 균등히 한다. • 행주를 가지고 간다. • 실수해도 서둘지 말고 솔직히 사과한다(빠를 수록 좋다).
응접실 정리		차용기를 치운다. 잊은 물건이 없나 확인한다. 신속히 정리한다. 테이블 위를 깨끗이 한다.

4 전화의 특성과 유의사항

전화의 특성	유의사항
• 목소리만을 통해 의사가 전달된다.	• 호감가는 음성과 말씨, 정중한 표현 • 정확한 언어, 적당한 속도
• 상대방의 표정·태도, 주변의 환경을 알기 어렵다.	• 상대방의 전화응대 상황을 고려해야 한다. (통화가 길어질 경우) 계속 통화해도 괜찮겠습니까?
• 증거를 남기기가 어렵고, 정확한 전달 여부를 확인하기 어렵다.	• 중요한 내용은 확인해야 한다. • 필요한 경우, 메모를 해야 한다. • 반드시 나의 이름을 정확하게 전달한다.
• 비용이 든다.	• 낭비시간을 줄여야 한다. • 전화응대에 필요한 자료를 비치하여 활용해야 한다.
• 예약 없이 불시에 걸려 온다.	• 전화응대가 어려울 경우 정중히 뜻을 전달하고 이쪽에서 다시 건다. • 기분이 좋지 않더라도 목소리로는 나타내지 않는다.

전화의 첫인상

- (감사합니다) 밝은 표정: "위스키" + 안녕하십니까?
- (감사합니다) 밝은 음성: "솔" + 안녕하십니까?

5 단계별 전화응대용어

최초수신 (교환수신)	• 감사합니다(안녕하십니까?) ○○여행사 유럽담당 ○○○입니다. • (늦게 받은 경우) 기다리게 해서 죄송합니다, 늦게 받아서 죄송합니다, ○○여행사 유럽담당 ○○○입니다.
교환예고	• 네, 문의하신 업무담당자는 (○○과) ○○○씨이고, 전화번호는 ○○○-○○○○입니다. 전화를 연결해 드릴테니 잠깐만 기다려 주시겠습니까? 전화연결 도중 끊어지면 ○○○-○○○○번으로 전화주시면 감사하겠습니다. (그럼, 즐거운 하루 되십시요!)
담당자 부재 중	• 기다리게 해서 죄송합니다. (예약과) ○○○씨는 회의 중이시므로 ○○시 이후에는 통화가 가능하겠습니다. 전하실 말씀이 있으시면 메모를 남기시겠습니까? • (내용메모후) 네, 저는 수배과 ○○○입니다만, 말씀하신 내용을 (○○○씨에게) 꼭 전해 드리겠습니다.
담당자 통화 중	• (○○과)○○○씨는 통화 중입니다. 통화가 끝나는 즉시 연결해 드릴테니, 잠깐만 기다려 주시겠습니까? • (통화가 길어질 경우) 오래 기다리게 해서 죄송합니다. ○○○씨는 통화가 길어지고 있습니다. 전하실 말씀이 있으시면 메모를 전해드려도 괜찮겠습니까? • (내용 메모 후) 네, 저는 ○○과 ○○○입니다만, 말씀하신 내용을 (○○○씨에게) 꼭 전해 드리겠습니다.
종료인사	• 감사합니다(즐거운 하루 되십시오!)(고객보다 수화기를 늦게 내려 놓을 것!).

6 상황에 따른 응대용어

잘못 걸려 온 전화일 경우	여기는 리츠칼튼호텔 총무과이고, ○○○-○○○○번입니다만, 무엇을 도와드릴까요? (사과할 경우) 괜찮습니다. 안녕히 계십시요.
잡음이 들리거나 전화감이 멀 경우	• 전화상태가 좋지 않은 것 같습니다. 죄송합니다만 다시 한 번 걸어 주시겠습니까? • 말씀이 잘 들리지 않습니다. 죄송합니다만 다시 한 번 걸어 주시겠습니까?
상대방을 오래 기다리게 하는 경우	• 죄송합니다만, 시간이 걸릴 것 같으니 조금만 더 기다려 주시겠습니까? • 죄송합니다만, 시간이 걸릴 것 같으니 괜찮으시다면 용건을 전해 드려도 되겠습니까?
이름을 확인할 경우	(실례지만 존함이 어떻게 되십니까?) 김 ○자 ○자 맞습니까?
상대의 상황을 확인할 경우	계속 통화해도 괜찮으시겠습니까?
바로 답변(해결) 할 수 없는 경우	죄송합니다만, 조금 시간이 걸릴 것 같습니다. 알아보고 제가 ○○분 후에 전화드리도록 하겠습니다.

7 친절한 전화응대 Checklist

수신자:　　　　발신자:　　　　일시:　　년　　월　　일　　시　　분

구분	항목	예	아니오
최초 수신	• 벨 2회 이내에 수신하였는가?	□	□
	• 늦게 받을 경우, 사과인사를 하였는가?	□	□
	• 인사말 + 부서명 + 이름을 밝혔는가?	□	□
	• 최초 수신의 말을 잘 알아 들을 수 있었는가?	□	□
교환 안내	• 부서 · 담당자안내 + 연락처 + 교환예고 + 끝인사를 하였는가?	□	□
	• 연결시도는 신속 · 정확하게 이루어졌나?	□	□
	• 담당자 부재의 경우, 사과인사를 하였는가?	□	□
	• 담당자 부재의 경우, 고객이 요구하기 전에 해결안(부재사유설명 + 통화 가능시간 + 메모)을 제시하였는가?	□ □	□ □
교환 수신	• 벨 2회 이내에 수신하였는가?	□	□
	• 늦게 받을 경우, 사과인사를 하였는가?	□	□
	• 인사말 + 부서명 + 이름을 밝혔는가?	□	□
	• 자기소개말을 잘 알아 들을 수 있었는가?	□	□
문제 해결	• 고객의 말을 가로채지 않았는가?	□	□
	• 촉진반응을 자주 사용하였는가?	□	□
	• 고객의 말을 요약 · 반복 확인하였는가?	□	□
	• 고객의 요구사항을 해결하였는가?	□	□
	• 고객이 알기 쉽게 설명하였는가?	□	□
종료	• 인사말 + 나중에 끊었는가?	□	□
음성 이미지	• 목소리는 밝고 명랑했는가?	□	□
	• 말의 빠르기는 적당했는가?	□	□
	• 목소리의 크기는 적당했는가?	□	□
	• 발음은 정확했는가?	□	□
피드백			

8 전화 에티켓 요약

1) 전화 걸기

① 전화를 걸기 전에 먼저 준비를 한다. 정보를 얻기 위해 전화를 하는 경우라면 얻고자 하는 내용을 미리 메모하여 모든 정보를 빠뜨리지 않도록 한다.

② 전화를 건 이유를 숙지하고 이와 관련하여 대화를 나눌 수 있도록 준비한다.

③ 전화는 정상적인 업무가 이루어지고 있는 근무 시간에 걸도록 한다. 업무종료 5분 전에 전화를 건다면 제대로 통화할 수 없을 것이다.

④ 통화를 원하는 상대와 통화할 수 없을 경우를 대비하여 다른 사람에게 메시지를 남길 수 있도록 준비한다.

⑤ 전화는 직접 걸도록 한다. 다른 사람부하·후배 등을 통해 전화를 건다면 고객에게 당신의 시간이 고객의 시간보다 더 소중하다는 느낌을 갖게 만든다.

⑥ 전화를 해달라는 메시지를 받았다면 가능한 빨리 답해 주도록 한다. 하루 이상 자리를 비우게 되는 경우 메시지를 남겨 놓는 것이 예의이다.

2) 전화 걸기

① 전화벨이 3번 이상 울리기 전에 받는다.

② 회사·부서·자기가 누구인지 즉시 말한다.

③ 천천히 명확하게 예의를 갖추고 말한다.

④ 밝고 상냥한 목소리로 말한다.

⑤ 말을 할 때 상대방의 이름을 함께 사용한다.

⑥ 언제나 펜과 메모지를 곁에 두어 메시지를 받아 적을 수 있도록 한다.

⑦ 주위의 소음을 최소화한다.

⑧ 긍정적인 말로 전화 통화를 마치도록 하고 전화를 건 상대방에게 감사의 표시를 한다.

이런 경우 어떻게

상황	응대
돌려 줄때	• "네, 연결해 드리겠습니다." • "혹시 끊어지면 123번으로 하시면 됩니다." • "잠시만 기다려 주십시오"
기다리게 할 때	• "죄송합니다. 통화 중이신데 잠시만 기다려 주시겠습니까?" • "통화가 길어지고 있는데, 죄송합니다만 잠시 후에 다시 걸어 주시겠습니까?"
조금 시간이 소요 될 것 같은 경우	• "괜찮으시다면 이쪽에서 다시 전화를 드리면 어떻겠습니까?"
부재 중임을 알린다.	• 잠시 자리를 비운 경우: 출장 · 휴가 · 식사 · 회의 등의 경우를 간단히 말하고, 끝나는 시간과 귀사예정시간 및 일자를 말한다. • "지금은 휴가 중이십니다. 다음주 월요일 출근예정입니다."
처리 · 조사에 시간이 걸릴 때	• 예정처리시간을 알리고 업무처리 후 먼저 전화를 할 것을 알린다. ("죄송합니다만, 20분 정도 걸릴 것 같은데, 제가 곧 전화를 드리겠습니다")
전화가 잘못 걸려 왔을 때	• 잘못 걸렸음을 정중하게 이야기하고, 다른 부서일 경우 전화번호 알려 준다. ("예, 전화를 잘못 거셨습니다. 여기는 ○○○입니다")

04 기타 상황별 커뮤니케이션

1 자세교정

① 머리·턱

벽면에 기대어 서서 뒷머리를 벽에 붙이고 턱은 약간 잡아당긴 듯한 자세, 시선은 정면

② 어깨·가슴

가슴과 어깨는 활짝 펴고 양어깨 끝이 벽에 닿도록 하고, 이때 절대로 힘이 안 들어가도록 주의한다.

③ 허리·배·힙

아랫배에 힘을 주어 안으로 밀어 넣듯 힙을 벽에 밀착시키면 배에 힘이 들어가 보이며 힙은 올라 붙는 듯한 자세가 된다.

④ 무릎·발

극단적으로 힘을 주어 완전히 쭉 펴지게 하며, 종아리·발뒤꿈치가 최대한 벽에 닿도록 한다.

2 바른 대기자세

① 기본자세

여성일 경우, 양손을 포개서 가볍게 아랫배에 대고 발뒤꿈치를 붙이며 똑바로 선다. 남성은 주먹을 가볍게 쥐고 엄지손가락을 바지 재봉선에 일치시키고, 팔은 겨드랑이에 자연스럽게 붙인다.

② 응용자세

기본자세에서 편한 발을 뒤로 빼서 중앙을 다른 발에 붙인다. 내각이 지나치게 벌어지지 않게 한다.

③ 표정

미소 띤 밝은 표정

④ 시선

부드러운 눈길로, 한 곳에 고정하지 말고, 천천히 주위를 살핀다.

3 워킹Walking

① 표정은 밝고 부드럽게

② 허리 · 어깨 · 가슴을 편다.

③ 고개는 들고, 시선은 정면을 본다.

④ 보폭은 자신의 어깨넓이로 걷는다.

⑤ 신발 끝이 땅에 먼저 닿게 한다.

⑥ 다리는 쭉 펴고, 무릎 사이가 스치도록 한다.

⑦ 팔은 15도 각도로 흔들며 걷는다.

4 방향지시

① 손가락을 모아 손바닥 전체로 가리킨다.

② 손등이 보이거나 손목이 굽지 않도록 한다.

③ 시선은 고객 → 가리키는 방향 → 고객으로 옮긴다.

④ 손님의 입장에서 구체적으로 정확하게 위치를 알려 준다.

⑤ 쉬운 용어를 사용하고, 이해 여부를 확인한다.

5 안내

① 안내할 곳의 방향과 위치를 손으로 가리켜 안내하고, 고객보다 1~2보 정도 비스듬히 앞서서 걷는다.

② 가끔 뒤를 돌아보며 확인하고, 안내장소에 도착하면 도착안내의 말을 한다.

6 명함 주고 받기

1) 명함 주는 법

① 아랫사람이 윗사람에게, 또는 방문자가 먼저

② 악수가 끝난 다음에 행하는 것이 좋다.

③ 명함은 상대방이 정면으로 이름을 볼 수 있도록 전달한다전달하면서 소속·성명을 밝히는 것도 좋다.

④ 왼손으로 오른손을 받쳐 공손한 인사와 회사명 · 성명을 대면서 오른손으로 전달한다.

⑤ 명함은 반드시 손으로, 서서 주고 받는 것이 기본이다.

⑥ 건네는 위치는 상대방의 가슴선 위치가 적당하며, 명함 전용지갑에 보관한다.

2) 명함 받는 법

① 감사의 인사와 함께 손바닥으로 받으며, 다른 한 손으로 받친다.

② 동시에 주고받을 때는 오른손으로 건네고, 왼손으로 받는다.

③ 받은 명함은 공손히 두 손으로 잡고 내용을 확인한다.

④ 모르는 글자가 있어 물어 보는 것은 실례가 아니다.

⑤ 명함교환 후 소파나 의자에 앉은 경우 테이블 모서리에 일직선으로 두고, 상담이 끝난 후 상의에 넣어 둔다.

⑥ 책상이 없는 공간이나 복도에선 명함을 상의 안주머니에 넣어 둔다.

⑦ 받은 명함에 메모하는 것은 예의에 어긋난다.

7 악수하기

① 윗사람이나 여성이 먼저 청한다.

② 장갑을 벗고 손을 알맞게 잡고 가볍게 흔든다.

③ 두 손으로 잡거나 허리를 너무 굽히지 않는다.

④ 악수는 오른손, 그리고 한 손으로 한다.

⑤ 상대의 눈을 주시하며 웃는 얼굴로 한다.

⑥ 손의 높이는 팔꿈치 높이 정도가 적당하다.

05 E-mail 주고 받기

① 짧고 쉽게 써라한 사람의 노력으로 여러 사람이 시간을 아낄 수 있다.

② 내용을 알 수 있는 제목을 붙여라급한 메일, 중요한 메일을 구별할 수 있는 좋은 단서가 된다. '필독,' '비업무성,' '긴급!' 등을 붙여 주면 더욱 친절.

③ 본인이 누구인지를 서두에 밝힌다누가 보낸 것인지를 알기 위해 본문 전체를 헤매는 수고를 덜어 준다.

④ 줄간격을 넓혀라가로로 너무 길어지지 않도록 한 줄의 글자수를 35자영문 70characters 정도로 정하고, 단락에 따라 한 줄씩 빈 공간을 주어 읽기 쉽게 해 준다.

⑤ 불만사항은 당사자에게만 보내라직접 관계없는 사람이나 상사를 cc참조에 넣지 않도록 주의한다.

⑥ 수신과 참조의 용도를 구분하라메일을 받은 사람이 수신자일 때는 필독과 정독을, 참조인일 때는 속독할 수 있다.

⑦ 메일에 시각효과를 주라글자의 폰트·색깔·크기·굵기 등으로 강조하거나 표·그림 등을 활용한 메일은 한 눈에 들어온다.

⑧ 용량은 최소화하라파일 첨부 대신 본문에 내용을 직접 붙이고, 그림 파일은 jpg 등 용량이 작은 파일로 바꿔 주며, 용량이 큰 파일은 압축하여 E-mail을 보내면 수신인이 매우 편리하다.

⑨ 회신reply할 것인지 또는 새 메일을 보낼 것인지 신중히 판단하라의사소통을 위해 이전문서가 필요할 때는 회신reply으로, 그렇지 않을 때는 새로운 메일로 보낸다. 회신 메일이 줄줄이 이어져 있는 메일은 짜증의 원인이 된다.

⑩ 메일주소를 한 번 더 확인하라메일을 보내기 전에 주소가 정확한지, 수신이나 참조에 중요한 사람이 빠지지 않았는지 다시 한번 확인한다. 중요한 메일에 특정인이 빠졌을 경우 큰 실례가 될 수 있다.

1 메신저 에티켓

① 가능하면 외계어어법에 맞지 않는 단어 · 속어 · 은어 등은 자제한다.

② 친한 친구라도 가능하면 대화 시 최소한의 예의를 갖춘다.

③ 업무사항만 한다급한 일이 아니면 업무시간에 메신저목록의 친구에게 대화신청을 자제한다.

④ 꼭 전해야 할 사항이라면 용건만 간단히 전한다.

⑤ 말걸기 전에 상대방 상태를 확인한다회의 중, 통화 중, 자리비움 등.

⑥ 얼굴 없는 대화이므로 충실한 내용설명과 주변설명으로 오해를 없앤다.

⑦ 동료자리로 용무상 접근 시 매너 있게 인기척을 내고 접근한다.

⑧ 자칫 실수로 다른 수신자에게 메시지가 전달될 수 있으므로 수신자를 꼭 확인한다.

⑨ 혹시 메시지를 잘못 보냈을 경우 미소^^와 함께 빨리 사과 메시지를 보낸다.

⑩ 할 말만 다하고 로그오프하는 행위는 상대방을 기분 나쁘게 할 수 있다.

2 대화 에티켓

1) 대화의 5가지 Rule

① 상대방의 말을 가로막지 않는다.

② 대화를 독점하지 않는다.

③ 의견을 제시할 때 반론의 기회를 준다.

④ 임의로 화제를 바꾸지 않는다.

⑤ 끝까지 경청하며 반응을 보인다.

2) 대화의 바른 자세

① 상대와의 거리 60~70cm가 이상적이다.

② 시선은 상대의 미간을 본다.

③ 팔짱을 끼거나 다리를 포개지 않는다.

④ 무의식중에 잡동작이 들어 나지 않도록 유의한다다리떨기, 머리카락 만지기 등.

3) 대화할 때 유의사항

① 발음을 정확히 한다사투리, 불명확한 발음 삼가.

② 품위 있는 언어를 사용한다속어, 비어 삼가.

③ 억양에 신경을 쓴다.

④ 말을 가로채거나 양해 없이 화제 바꾸는 일이 없도록 한다.

⑤ 상대의 입장을 고려해 적당한 언어를 구사한다바른 호칭, 상대가 쉽게 이해 할수 있는 언어.

⑥ 누구든 대화에 소외되었다는 느낌을 받지 않도록 한다.

4) 대화에 성공하는 법

① 경청자가 되라말을 잘하는 사람은 말을 잘 듣는 사람이다.

② 칭찬을 아끼지 말라사람은 자신을 칭찬하는 사람을 칭찬하고 싶어 한다.

③ 공감하고 긍정하라상대편의 말을 그대로 반복해 주는 것.

④ 자기자랑을 삼가라겸손이 최고의 미덕이다.

⑤ 신뢰의 표현을 하라비밀의 공유는 유대감을 불러 온다.

⑥ 뒷말을 숨기지 말라산뜻한 대화는 인격을 높인다.

⑦ 첫마디를 소중히 여기라첫마디가 영원히 기억된다.

⑧ 완전한 문장을 말하라완전한 문장이 인격을 높인다.

3 상황별 에티켓의 이모저모

1) 소개의 방법

① 소개방법

- "김형진씨, 소개하겠습니다. 이 분은 ○○은행에 근무하는 이명산씨 입니다. 이 분 명성은 대단합니다."
- "이명산씨, 소개하겠습니다. 이 분은 서예에 능숙하신 지난 국전에서 입상까지 하셨던 김서도씨입니다."

이상과 같이 무엇인가 그 사람의 특기 · 특징을 넣어 소개하는 것이 좋다. 인상을 강하게 주면 소개의 효과도 크게 된다. 그러나 강한 인상을 주는 소개를 하려고 과장된 소개를 하면 오히려 본인에게 부담감을 주게 되어 실례가 된다.

그 밖에 사람에 따라서는 한쪽 편만 칭찬을 하는 사람이 있는데 이러한 것은 다른 한 편에 대해 실례가 된다.

② 소개할 때

소개할 때는 필히 서서 인사를 하고, 윗사람의 성명은 주의해서 한 번에 기억할 수 있도록 한다.

③ 소개의 순서

① 지위가 낮은 사람을 높은 사람에게, 연소자를 연장자에게 먼저 소개한다.
② 지위도 연령도 같다면 자기와 친한 사람부터 먼저 상대에게 소개한다.

소개에 의해서 지금까지 모르고 있던 사람들을 친밀하게 대화할 수 있는 기회를 부여하는 것이기 때문에 소개자는 공통의 화제로 대화를 끌어가는 분위기를 만들어 줄 필요가 있다.

2) 차를 접대하는 법

다른 사무실을 방문했을 때 "차 한 잔 드십시오" 하고 따뜻하게 차대접을 받았을 때

무척 기분이 좋아진다. 그러나 성의없는 차대접을 받았을 때는 오히려 기분이 상할 때가 많다. 우리는 맛있고 정성껏 차를 대접하도록 노력해야 한다.

① 차를 대접할 때는 찻잔에 금이 갔는지 확인하고 찻잔 속이나 쟁반을 깨끗이 닦는다.
② 적당한 온도70°C 정도에 적당한 농도로 10분의 7 정도의 분량으로 따른다.
③ 내방자 중 상위자 순으로 대접하고, 사내 사람에게는 나중에 차례가 가도록 한다.
④ 찻잔 위에 손가락이 닿지 않도록 주의한다.
⑤ 엎질렀을 때는 당황하지 말고 "죄송합니다"라고 말한 후 준비해 둔 행주로 즉시 닦는다.
⑥ 서류가 펼쳐 있어 찻잔을 놓을 자리가 없을 때는 "죄송합니다"라고 말한 후 서류를 한쪽으로 옮겨 놓는다.
⑦ 차를 모두 돌렸을 때는 가볍게 목례를 한다.
⑧ 커피나 홍차를 대접할 때 컵을 쥐는 쪽은 왼편으로, 스푼은 오른편으로 놓는다. 회의 등의 경우는 찻잔 쥐는 쪽을 오른편으로 내놓아도 무방하다.
⑨ 케이크를 대접할 때는 먼저 케이크를 왼쪽 앞으로 내놓은 다음, 곧이어 케이크 바로 오른쪽에 차를 놓는다.

3) 엘리베이터의 승강

엘리베이터의 승강은 손님과 상사를 앞세우지만, 출퇴근시 혼잡할 때는 열을 지어 승강한다. 엘리베이터에서는 개인적인 대화나 업무적인 대화 혹은 난폭한 대화는 삼간다. 또한 엘리베이터에서는 금연으로 되어 있다.

4) 승용차에서의 승차

❶ 회사의 차, 택시의 좌석

운전사 대각선 뒷좌석이 1등 좌석, 운전석 뒷좌석이 2등석, 중앙이 그 다음이고 조수석이 말석이 된다.

❷ 자가용차의 경우

차주가 운전을 할 경우에는 조수석이 최상석이다. 단, 운전사 부인이 탈 경우에는 조수석은 부인의 자리가 된다.

5) 열차에서

① 열차 내에서의 최상석은 열차의 진행방향에 따라서 창가쪽의 자리가 된다. 차석은 최상석의 마주보이는 자리이다.

② 좌석에서의 자리바꿈은 삼간다. 아무리 더워도 옷을 벗어서는 곤란하다.

③ 창은 바람이 강하기 때문에 뒷사람에게도 양해를 얻어 열도록 한다.

6) 여행할 때

사람에게는 집단심리가 있어서 특히 단체여행 등 집단으로 행동할 때에는 큰 소리로 떠든다거나, 종잇조각을 날린다거나 하는 실례를 범하기 쉽다.

여행할 때의 마음가짐에서 주의해야 할 점

- ☑ 차내 에티켓을 준수하자.

다른 승객들을 고려하여 큰 소리를 내거나, 폭소하거나, 술을 마시거나, 라디오를 켜는 것은 삼간다. 합창도 삼가고, 차내를 돌아 다닌다거나, 출입구 난간에 매달려서는 안 된다.

- ☑ 숙소에서도 주의하자.

공동기물을 손상시켜 다른 숙박객에게 불편을 주어서는 안 된다. 또한 다른 숙박객에게 피해가 되지 않도록 밤늦게까지 떠들지 말자.

4 여사원을 위한 체크리스트

구분	체크내용	비고
모자	• 유행을 좇고 있지 않는가? • 옷과 조화를 이루는가?	
머리	• 청결하게 하고 있는가? • 매일 손질하고 있는가? • 머리칼은 헝클어지지 않았는가?	
귀	• 먼지가 묻어 있지 않는가?	
치아	• 양치질은 잘되어 있는가?	
입술	• 립스틱은 너무 짙지 않는가? • 립스틱이 망가져 있지 않는가?	
Eye Shadow	• 너무 짙지 않는가?	
얼굴	• 화장은 잘 되어 있는가?	
손	• 더러워져 있지 않는가?	
손톱	• 너무 강한 색의 메니큐어를 하고 있지 않는가?	
손수건	• 세탁이 잘 되어 있는가? • 예비를 갖고 있는가?	
상의	• 더러워져 있지 않는가? • 잘 다림질되어 있는가? • 악세사리는 제대로 되어 있는가?	
하의(치마)	• 청결한가? • 너절해 보이는 것은 아닌가?	
사무복	• 소매가 특히 더러워져 있지 않는가? • 다림질은 잘 되어 있는가?	
양말 (스타킹)	• 청결한가? • 뒷선이 틀려져 있지 않은가? • 색상이 요란하지 않은가?	
구두	• 뒷굽이 닳아 흉하지 않은가? • 잘 닦여져 있는가? • 색상은 옷에 맞는가?	
핸드백	• 더러워져 있지 않는가? • 모양은 찌그러져 있지 않는가? • 가방속은 잘 정리되어 있는가?	

5 당신의 버릇은?

"인간은 적어도 일곱 가지 버릇은 있다"라는 말이 있다. 자기 자신은 이렇다 할 버릇이 없다고 생각하지만, 일곱 가지 정도의 버릇은 누구나가 갖고 있다는 얘기이다. 인간은 누구나 자신의 결점에 대해서는 잘 느끼지를 못하는 법이다. 하물며 '버릇'이란 자신이 의식하지 못하는 언동이므로 스스로가 느끼지 못하는 것은 당연하다.

또한 버릇은 상대방에게 불쾌한 감정을 줄 수도 있다.

Study Check

★ **다음과 같은 버릇이 조금이라도 있는 것 같다고 생각되는 경우엔 ○표로 표시해 보자.**

번호	내용	○, ×
1	얘기하면서 물건을 만지작거린다.	
2	얘기를 들을 때 상대편을 똑바로 바라보지 않는다.	
3	상대편 얘기를 도중에서 막는다.	
4	남이 얘기하는 도중에 갑자기 끼어든다.	
5	남의 얼굴을 두리번거리며 쳐다 본다.	
6	아무 뜻없이 웃기를 잘한다.	
7	실수했을 경우 변명만 한다.	
8	자기의견을 타인에게 강요한다.	
9	타인에 대한 비평을 곧 잘 한다.	
10	마음에 들지 않으면 금방 화를 낸다.	
11	유행어를 자주 쓴다.	
12	타인이 보는 앞에서 기지개를 편다.	
13	자기 옷을 자랑한다.	

06 칭찬

1 가장 좋은 커뮤니케이션은 칭찬이다

대인관계의 기술 중에서 가장 뛰어난 기술이 상대를 칭찬하고 인정하는 기술이다. 이 때문에 칭찬이란 인간관계를 개선하는 최고의 수단이다.

그러나 막상 칭찬을 하려고 들면 익숙하지 않고, 어색하며 서투르다는 등의 이유로 쉽사리 되지 않는다. 그러나 칭찬을 하는데에는 조금도 망설일 필요가 없다. 칭찬할 상대가 있고 칭찬할 내용이 있다면 언제 어디서나 서슴지 말고 칭찬을 하라. 칭찬에는 지나침이란 없는 법이다.

칭찬을 잘 하려면 상대방에 대한 관심을 갖고 적절히 표현해서 알려주어야 한다. 상대방에 대한 관심이 없으면 칭찬은 하기 어렵다. 또한 표현해서 알려주지 않으면 영향을 미치지 못한다.

또한 사실을 칭찬하는 것보다 사람을 칭찬해 주는 것이 일반적으로 하는 칭찬보다는 구체적으로 꼬집어서 이야기해 줄 때 칭찬의 효과가 높아진다.

칭찬을 받는 사람은

- ☑ 기쁘고 즐거워진다.
- ☑ 자신감이 생긴다.
- ☑ 고통이 가시거나 줄어든다.
- ☑ 용기가 생긴다.
- ☑ 칭찬한 사람에게 호감을 갖는다.

Study Check　칭찬은 언제하는가?

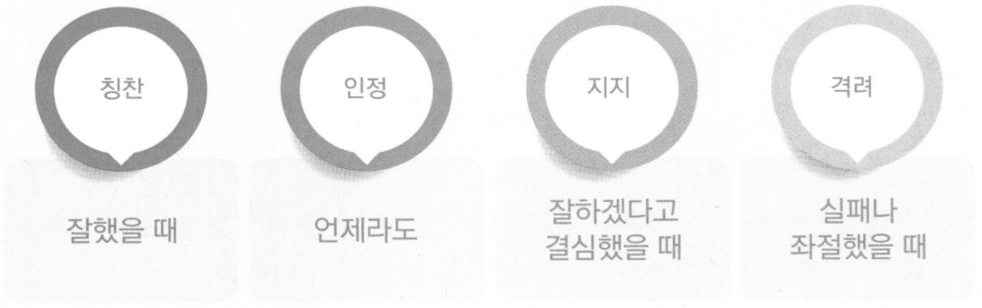

©www.hanol.co.kr

- 위와 같은 상황에서 칭찬을 받았을 때 기분을 이야기해 봅시다.

- 적절하지 않은 칭찬의 예를 이야기해 봅시다.

2 칭찬하는 요령

칭찬은 상대방에 대한 관심을 갖고 적절히 표현해서 알려주어야 한다. 하지만 상대방에 대한 관심이 없으면 칭찬은 하기 어렵고, 표현해서 알려주지 않으면 영향을 미치지 못한다.

사실보다는 사람을, 큰 것보다는 작은 것을 꼬집어서, 가능하면 긍정적으로 장점을 보고, 나를 칭찬하는 만큼 남도 칭찬할 수 있다.

칭찬하기 힘들어 하는 이유

- 칭찬을 받아 보지 못했기 때문
- 마음의 여유가 없기 때문에
- 큰 것만 칭찬하려 하기 때문에
- 겸손은 미덕이라고 생각하기 때문에
- 상대방에 대한 경계심 때문에
- 자신의 가치관 때문에
- 말 주변이 없어서

칭찬요령

- Timely(시기에 알맞게)
- Responsive (민감하게 반응하는)
- Unconditional(무조건적으로)
- Enthusiastic(열성적으로)

칭찬도 마주쳐야 한다!
- 칭찬과 함께 질문하기 - 자신의 생각을 솔직하게 표현하기 - 간접적으로 칭찬 전하기

3 효과적인 칭찬

① 며칠 간격으로 칭찬을 한 번씩 하다가 일정 시간이 지나면서 그 횟수를 늘린다.

② 사람을 처음 사귈 때에는 상대방의 이름을 부르는 것이 가장 효과적이다.

③ 긍정적인 면만을 말하지 말고, 사소한 일들에 대해서는 부정적인 면도 말한다.

④ 상대방이 자신에게 했던 칭찬을 그대로 되풀이하지 않는다.

⑤ 상대방의 행동·외모, 혹은 소유물을 다른 사람의 것과 기분 좋게 비교 한다.

칭찬방법	사람에 대한 칭찬	사실에 대한 칭찬
• 사실보다는 사람을 칭찬한다. • 큰 것보다 작은 것을 꼬집어서	• 사람에 대한 칭찬 • 3가지로 구성	• 사실에 대한 칭찬 • 3단계로 구성
• 음식 솜씨가 좋다. - 알뜰하고 - 정성스럽고 - 영리하고 - 센스가 있으며 - 열성을 지니고 있으며 - 솜씨가 좋다.	① 그 사람의 가장 돋보이는 면을 칭찬한다.	• 1단계: 사실 - 그 사람이 잘하는 점을 이야기한다. • ○○씨는 표현력이 정말 탁월하십니다. • 어쩌면 그렇게……
• 부모님을 잘 모신다. - 효성이 지극하고 - 공손하고 - 온순하고 - 착하고 - 순종적이고 - 영리하고 - 인내심이 있고 - 인간미가 있으며 - 편안하고 - 따뜻한 사람	② 그 측면과 대비되는 다른 장점을 칭찬한다.	• 2단계 근거 - 1단계 칭찬의 이유를 2~3가지 이야기한다. • 제가 그렇게 생각하는 이유는…… • 왜 그런 생각을 하느냐?
	③ 그 사람의 제3의 측면을 한번 더 칭찬한다.	• 3단계 성품 - 2단계와 같은 행동을 하려면 그 사람이 어떤 사람일까를 생각하면서 특성을 칭찬한다. • 그렇게 하시려면 우선 머리가 좋고, 판단력이 탁월하고, 객관적이고…….

4 칭찬의 예

① 대단히 잘 했습니다.

② 그래도 당신이나 하니까 이 정도까지 해낸 것이 아니겠습니까?

③ 바로 그런 점이 당신다운 점이지요.

④ 역시 소질이 대단하십니다.

⑤ 워낙 성격이 좋으신 분이시니까……

⑥ 참 고상한 취미를 가지고 계십니다.

⑦ 그 때문에 다른 팀원들도 김 군을 그렇게 좋아 하시는 것 아니겠습니까?

⑧ 볼수록 대단하십니다.

⑨ 역시 예리하십니다.

⑩ 워낙 건강이 좋으시니까.

⑪ 참 저력이 대단하십니다.

⑫ 워낙 사려 깊고 현명한 분이시니까 이런 아이디어가 나오는 것 아니겠습니까?

⑬ 바로 그 점이지요. 역시 핵심을 딱딱 짚으시는군요.

⑭ ○○님은 평소에도 항상 강인하고 근검 · 절약하며 꾸준히 실천하는 생활철학을 가지고 살아가시는 분으로 알고 있습니다.

⑮ 솔직하고, 분명하고, 누구 앞에서도 기죽는 법 없이 할 말을 다하는 것이 ○○님의 남다른 점이라고 생각합니다.

⑯ 워낙 조용하고, 차분하며, 누구에게나 따뜻하게 대하는 것이 ○○님 아니겠습니까?

⑰ 워낙 정이 많으신 분이시지 않습니까?

⑱ ○○님은 겉으로는 엄격하고 무서운 분 같아도 속으로는 얼마나 마음이 따뜻하고 정이 많으신 분입니까?

⑲ 당신은 온순하고, 상냥하고, 성격이 원만하고, 효성이 지극하며, 알뜰하고, 검소하며, 분명하고, 우애가 깊고, 여유만만하고, 스케일이 크고, 시원시원하며, 미인이고, 아이들한테 자상하고, 너그러우며, 음식솜씨가 뛰어나고, 성격이 낙천적이며, 남편을 사랑하고, 인정이 많은 사람 아냐?

⑳ 당신 같은 사람을 만났다는 것은 정말로 두고두고 감사해야 할 일이야.

5 칭찬하는 사람은 아름답다!

① 칭찬은 받으면 바보도 천재로 바뀐다.

- 온달을 장군으로 만든 것은 평강공주의 애정어린 칭찬 때문이다.

② 칭찬을 하면 칭찬받을 일을 하고 비난을 하면 비난받을 짓을 한다.

- 사람을 바꾸는 유일한 방법은 칭찬밖에 없다.

③ 남을 칭찬하면 즐거워진다.

- 칭찬은 태양처럼 밝은 기운을 가지고 있어 인생이 밝아지게 마련이다.

④ 칭찬 노트를 만들라

- 칭찬거리가 생각나면 바로 노트에 기록하라. 이 노트가 기적을 만드는 노트

⑤ 돈을 주면 순간의 기쁨이 만들어지지만, 칭찬은 평생의 기쁨을 안겨 준다. 칭찬하고, 또 칭찬하라

⑥ 누구나 본인도 모르는 장점이 있다. 바로 그 부분을 찾아 칭찬해 보자.

- 그 기쁨과 감동은 무엇과도 비교되지 않는다.

⑦ 칭찬을 주고받는 사회가 성공하는 사회다.

- 칭찬이 상생효과를 만들어 살맛나는 세상을 만들어 준다.

⑧ 욕을 먹어도 변명하거나 얼굴을 붉히지 말라.

- 그가 한 욕은 내가 먹는 것이 아니라 그에게로 돌아간다.

⑨ 이 세상은 발전하지 않으면 붕괴된다. 돈이 많다고 발전하는 것이 아니라 칭찬을 통하여 공동승리를 안겨 주는 것이다.

⑩ 만날 때 칭찬하고 헤어질 때 칭찬하라.

- 모두가 애타게 바라는 즐겁고 신나는 세상은 그렇게 해서 만들어지는 것이다.

⑪ 운동선수에게는 응원의 목소리가 승리를 안겨 준다.

- 그 외의 사람에게는 칭찬의 소리가 응원가로 들리게 된다.

⑫ 살다 보면 미운 사람이 생기게 마련이다.

- 미운 사람에게 떡 하나 더 줘라, 뭐니뭐니 해도 떡값이 가장 싸다.

⑬ 선물을 하는 데는 많은 비용이 들어간다.

- 그러나 칭찬은 1원도 들이지 않고 더 큰 감동을 주게 된다.

⑭ 99의 약점이 있는 사람도 1의 장점은 있게 마련이다.

- 1만 바라보고 칭찬하라. 그것이 자라나면 장점만의 사람으로 변신한다.

⑮ 칭찬은 적군도, 아군으로 만든다. 아군을 만들려면 적군에게도 칭찬하라.

⑯ 부자가 되고 싶으면 칭찬하는 노력을 먼저 하라.

- 칭찬은 보물찾기와 같아 보물은 많이 찾는 사람이 최고 부자다.

⑰ 칭찬을 하고 나면 기분이 좋고, 비난을 하고나면 기분이 언짢아진다.

- 나에게서 나간 것은 나에게로 돌아온다는 증거다.

⑱ 고객만족 · 고객감동이 아니면 기업은 쓰러진다.

- 칭찬은 이 두 가지를 모두 만족시키고도 남는 위대한 덕목이다.

⑲ 목 마른 사람에게 물을 주는 것이 공덕이다.

- 칭찬에 목마른 사람에게 칭찬을 해 주어라. 그처럼 큰 공덕도 없다.

⑳ 해가 뜨면 별이 보이지 않듯, 칭찬이 늘어나면 원망도 없어진다.

- 불행 끝, 행복 시작이 눈 앞에 펼쳐지는 것이다.

㉑ 10점을 맞다가 20점을 맞는 것은 대단한 향상이다.

- 잘하는 것만 바라보며 칭찬하면, 끝내는 100점이 되어 버린다.

㉒ 칭찬은 아름다운 마음의 표현이다. 아름다운 마음이 아름다운 얼굴을 만든다.

㉓ 자기를 칭찬하는 사람만이 남을 칭찬할 수 있다. 먼저 자신을 칭찬하라.

- 칭찬에 숙달된 조교가 성공적인 삶을 만들게 된다.

㉔ 남의 약점은 보지도, 듣지도, 말하지도 말라.

- 약점을 찾는 열성당원은 어둠의 영원한 노예가 되어 버린다.

㉕ 사람에게는 무한능력이 숨어 있다.

- 처마 밑의 주춧돌이 빗방울에 의해 홈이 파지듯, 반복된 칭찬이 위대한 결과를 만들어 준다.

㉖ 칭찬은 희망과 의욕을 높여 주어 자존심을 살려 준다.

- 한마디의 칭찬이 의식개혁의 시작이 되는 것이다.

㉗ 칭찬은 웃음꽃을 만들어 주는 마술사다.

- 웃음꽃만큼 아름다운 꽃은 이 세상에 없다.

㉘ 기가 살아야 운도 산다. 기를 살리는 유일한 처방은 칭찬이다.

- 아낌없이 칭찬하라.

㉙ 칭찬을 받고 싶으면 내가 먼저 칭찬하라.

- 이 세상에 외상이나 공짜는 없다는 것을 그 자리에서 알게 된다.

㉚ 칭찬을 받으면 발걸음이 가벼워지고, 입에서 노래가 나온다.

- 나라를 위해서도 칭찬하라, 기쁨 넘치는 사람이 기쁜 세상을 만들어 준다.

㉛ 욕먹으면 욕먹을 짓을 하고, 칭찬하면 칭찬받을 행동을 한다.

- 칭찬을 받으면 10배 · 100배 노력을 아끼지 않는 것이다.

㉜ 칭찬을 받으면 운이 저절로 열린다.

- 태양처럼 밝은 마음속에는 어둠이 깃들지 못하는 것이다.

㉝ 칭찬을 하다 보면 마음이 열려 네가 내가 되고, 내가 네가 된다.

- 서로 하나가 되는 데는 칭찬만큼 효과가 나는 무기도 없다.

07 Not Ok는 이렇게!

세상의 모든 부탁에 대해 언제나 OK 또는 Yes를 할 수 없다. 조심스러운 상황이지만 받아들이기 어려울 때에는 적절한 거절법으로 자신의 입장을 당당히 밝히자.

① 먼저 양해를 구한다.
- 처음부터 다짜고짜 "안 돼," "못해"라는 부정적인 모습은 상대방에게 오해를 살 수 있다. 부드럽게 양해를 구하는 표현을 먼저 사용한다.

② 조심스러운 상황이라 하여 애매한 태도를 취해서는 안된다.
- 부탁하는 입장에서는 자신에게 유리하도록 해석하기 마련이다. 애매한 태도는 수락의 의미로 전달되기 쉬우므로 분명한 거절의 입장을 전달해야 한다.

③ 응할 수 없는 이유를 성의있게 표현한다.
- 상대방에게 상처가 안 되도록 부득이한 상황에 대한 내용과 거절의 이유를 최대한 성의있게 설명한다.

④ 가능하면 대안을 제시한다.
- 상대방에 대한 배려의 마음으로 가능한 대안을 제시해 본다.

1 거절하는 요령

1 거절은 부드럽게

"글쎄요, 어쩌지요? 도와드리기 어려울 것 같은데요."

2 가급적 예의를 갖춰서

"미안합니다만 도와드릴 수가 없습니다. 양해를 부탁드립니다."

3 정말 불가할 때는 단호하게

"그 부탁은 들어드릴 수가 없습니다. 절대로 안 되는 일입니다."

4 시간을 벌기 위해 상대방에게 기다려 달라고 말할 때

"지금으로선 대답을 드릴 수가 없군요. 시간을 좀 더 주시기 바랍니다."

5 예의상 기약 없는 기다림을 요구할 때

"좀 더 생각해 보고 나중에 알려 드리겠습니다."

6 아직 답을 줄 준비가 되지 않았을 때

"미안합니다만, 아직 뭐라고 드릴 말씀이 없습니다."

2 컴플레인Complain은 이렇게 처리하자

컴플레인은 고객이 원하는 것을 알게 해 준다. 불만족고객의 94% 이상은 말없이 기업을 떠난다고 한다. 기업이 해결해야 할 과제를 알게 해 주는 불평고객은 매우 감사한 존재이다. 적절한 컴플레인 처리는 고객의 회사에 대한 전폭적인 신뢰와 함께 지속적인 관계로 이어지는 지름길이다. 고객 스스로 소비자의 권리를 보호·주장하려하는 소비자의식 변화에 따라 발생하는 불평에 대한 효과적인 해결방법을 배워 보자.

불만족고객이 취하는 4가지 행동유형

- ☑ 기업에 직접 불만을 표출하는 고객(37%).
- ☑ 소비의 결과를 운명의 결과로 생각하는 수동적인 고객(14%)
- ☑ 불평의 정도를 넘어 분노하는 고객(21%)
- ☑ 불평과 함께 적극적인 불평행동을 취하는 고객(28%)
  - 해당 기업에 직접 배상요구
  - 친지나 개인적 관계있는 소비자에게 구매중지 등 사적인 행동수반
  - 제3자에게 불만토로(소비자보호원 또는 단체 등)

3 컴플레인Complain 처리방법

먼저 공감하기를 통한 원인파악을 한다. 조심스러운 경청자세로 문제의 70% 이상은 해결할 수 있다. 그 다음은 아래의 단계로 불만을 처리한다.

① 1단계

문제를 파악한다. → 선입관을 버리고 진지하게 듣는다.

② 2단계

해결책을 검토한다. → 신속하게

③ 3단계

욕구충족의 해결책 방안을 모색하고 제시한다. → 알기 쉽게

④ 4단계

처리결과를 검토하고 만족 여부를 확인한다. → 고객이탈방지

⑤ 5단계

해결방법을 검토하고 전달한다. → 재발생방지

효과적 처리원칙

- 변명을 하지 않는다. 정중하게 사과하자!
- 조용하고 침착한 목소리로 말한다.
- 사람·장소·시간을 바꾸어 본다.

성실한 자세로 사과하고, 적극적인 관심을 보이고, 신속하게 문제를 해결하고, 약속을 지킴으로써 고객의 신뢰를 얻는 것!

잘 듣는 이의 모습은 더더욱 아름답다!
"그런 일이 있었군요!" "제가 어떻게 도우면 좋을까요?"
저의 사소한 문제들도 유심히 귀기울여 듣고 자신의 일처럼 염려하는 당신의 모습에 마음이 따뜻해지곤 했습니다.
해결의 길에선 아직 멀리 있어도 제 말을 잘 들어 준 것만으로도 이미 큰 위로가 되었습니다.
온 몸과 마음을 집중해서 저를 들어주는 당신의 모습에서 하느님의 사랑을 체험했습니다.
중간에 끼어 들고 싶을 적이 없지 않았을 텐데도 저의 말을 하나도 가로막지 않고 끝까지 들어준 당신의 인내에 감동하면서 저도 그리해야겠다고 다짐했습니다.
판단은 보류하고 먼저 들어주는 사랑의 중요성을 다시 배웠습니다.
잘 듣는 것은 마음의 문을 여는 것, 기다리고 이해하고 신뢰하는 것, 편견을 버린 자유임을 배웠습니다. 필요 이상으로 말을 많이 하고 주제넘게 남을 가르치려고 한 저의 잘못이 떠올라 부끄러웠습니다.
소리로서의 말뿐 아니라 저의 사소한 행동과 상황에도 민감하게 귀기울이며 제가해야 할 바를 넌지시 일러 주는 당신 덕분에 행복했습니다.
잘 들어주는 이가 없어 외로운 이들에게 저는 당신처럼 정성스런 사랑의 벗이 되고 싶습니다.
이렇게 선한 갈망을 갖게 해 주신 당신에게 늘 새롭게 감사드립니다.

-이해인 수녀-

참고문헌

김규식외(2004), 교류분석: 이론과 실제, 서울: 중앙적성출판사.

김정환역(2010), 최강 팀장의 현장대화법, 요시다 덴세, 서울: 미래의 창.

김현수역(2004), 교류분석, 스기다 미네야스, 서울: 민지사.

박소연외(2005), 서비스리더십과 커뮤니케이션, 서울: 한올출판사.

박태호외(2017), TA리더십, 경기: 포브인력개발원.

_____ 외(2002), 고객감동서비스 실천, 대구: 영진산업인력개발원.

박효정외(2020), 언컨플릭, 서울: 북인사이트

상생화용연구소(2011), 내말에 상처받았니?, 서울: 커뮤니케이션북스.

설기문(1988), 상담면접기술훈련의 이론과 실제, 서울: 중앙적성출판사.

_____ (2002), 인간관계와 정신건강, 서울: 학지사

우재현 역(1995), 이고그램, 죤 M. 두세이, 대구: 정암서원.

_______ (1998), 교류분석 TA 프로그램, 대구: 정암서원.

유동수 외(2008), 팀장의 대화법, 서울: 위즈덤하우스.

_______ (1997), 인간관계 개선훈련, 서울: 청년문화.

이경순외(2012), 인간관계와 의사소통, 서울: 현문사.

이영희 역(2002), 코칭 리더십, 엘리자베트 하버라이트너 외, 서울: 국일증권경제연구소.

이형득(1997), 인간관계훈련의 실제, 서울: 중앙적성출판사.

장진한역(2007), 논리적으로 말하는 기술, 오시마 도모히데, 서울: 행담출판.

정성묵역(2007), 잘 되는 나, 조엘 오스틴, 서울: 두란노.

조은경역(2006), 에티켓 핸드북, 다나 메이 케이스퍼슨, 서울: 미래의 창.

조천제역(2018), 칭찬은 고래도 춤추게 한다, 켄 블랜차드외, 서울: 21세기 북스

최경희외 역(2007), 행복한 일터의 커뮤니케이션, 토니 알렉산드라외, 서울: 한언

홍순이 · 홍용기(2013), 커뮤니케이션론, 서울: 한올출판사.

Weber. A.L.(1992), Social Psychology, New York: Harper Perennial.

Nelisom, E.H.(1993), "Understanding and Managing Conflict," in J.M. Lorsch and P.R. Lawrence(eds.), Managing Group and Intergroup Relations, Irwin.

저자 소개

- **이지영** 관광학박사

  Ansett 호주항공사를 비롯 여러 국내외항공사에서 마케팅 및 국제운송실무를 총괄하였고 현재 세한대학교 항공서비스학과 부교수로 재직중이다.
  저서로는 항공이야기, GDS항공예약실무, AIR SERVICE ENGLISH 등이 있으며 항공서비스영어, 항공사경영론, 항공시스템, 서비스 커뮤니케이션, TOEIC 등을 강의하고 있다. 전국 지자체 및 산업체의 자문과 서비스평가 위원, 그리고 커뮤니케이션, 인간관계, 리더십 분야 전문강사로도 활동하고 있다.

- **고주희** 관광학박사, 교육학박사 수료

  현재 경인여자대학교 항공관광과 초빙교수로 재직중이며, 저서로는 서비스영어회화, 항공예약발권실무 등이 있으며, 한국관광공사와 전국 지자체 서비스관리, 커뮤니케이션, 인사조직 분야에서 평가 위원으로 활동하고 있다. 고등학교 교사로 다년간 재직하여, 교직전공인 관광교육론, 관광교재연구지도법을 바탕으로 비즈니스커뮤니케이션, 프레젠테이션, 사무자동화실무, 항공예약발권실무, 서비스마케팅 등을 강의하고 있다.

4차 산업혁명시대 글로벌 리더가 되기 위한

커뮤니케이션 기법 및 실습

초판 1쇄 인쇄 2021년 7월 15일
초판 1쇄 발행 2021년 7월 20일

저 자 이지영 · 고주희
펴 낸 이 임 순 재
펴 낸 곳 **한올출판사**
등 록 제11-403호
주 소 서울시 마포구 모래내로 83(성산동, 한올빌딩 3층)
전 화 (02)376-4298(대표)
팩 스 (02)302-8073
홈페이지 www.hanol.co.kr
e - 메 일 hanol@hanol.co.kr

ISBN 979-11-6647-096-7

커뮤니케이션 기법 및 실습